OTRAS MANERAS DE VIAJAR

QUETZAL NOAH

Manual para levantarse
Quetzal Noah
Primera edición
Marzo 2023

Diseño de portadas: Charito Arroyo El Taller
Corrección: Manuel Sánchez
Edición: Book Living Editorial
México

Book Living Editorial
info@bookliving.com

Este libro está hecho de fragmentos de mí. Son corazonadas, recuerdos de viajes, fractales en capullos y uno que otro verano que floreció. Cada libro es una época. Así que tomé algunos de mis textos favoritos de cada una de ellas. Quise llevar lo que al parecer se resiste a contraer la sustancia del olvido y de alguna manera ha encontrado su lugar en la memoria de amantes de los libros y la poesía. Este libro contiene textos de mis ocho años de carrera. Quise hacer un libro que me diera gusto leer. Como su nombre lo indica, éste libro está hecho para que viajes con él y lo lleves contigo. Los poemas están divididos en cuatro lugares donde sería ideal leerlos: el café, el bar, la ruta y antes de dormir.

Quetzal Noah

EN
EL CAFÉ

Tengo un crush contigo

Tengo un crush contigo
desde siempre
desde que te vi
de pronto una humedad
quería abandonar mi cuerpo

y cada vez que estaba cerca de ti trataba
de no verme demasiado nervioso
créeme que por dentro
suponía que no era real
que todo era un asunto del sueño

yo no sé cómo le hacen
las personas para gustarnos
tanto sin que se den cuenta

tengo un crush contigo
tú eres mi amor platónico,
el socrático, maquiavélico,
floreado, azul, primaveral
y todo lo que puedas
añadirle con lengua, voz y caricias

Quetzal Noah

Qué desdicha esta de
no gustarle a quien te gusta

de salir con pies helados y el pecho frío
me quedaré
con lo único que tengo
y eso es un crush contigo.

La chica por la que te dejas de pendejadas

Un día te topas con esa chica
la que explota tu realidad
en un astuto movimiento
de tres segundos
frente al reflejo de sus labios
para resetear
todo el rastro de tus planes
frente a ti se posa
la confundes con un ángel
igual que el diablo lo hizo
con nosotros.

Un día te topas con esa chica
y por alguna circunstancia
necesitas otro lenguaje
para expresar la volcánica
marea de sensaciones
así que sin darte cuenta
recurre a los poemas, las canciones
bohemias, los cuadros de las galerías,
las fotografías de los atardeceres.

Y tienes un deseo
ya no de hacerla tuya
sino de fusionarte por completo
y conducir el ritmo
de los cuerpos hacia el desnudo
del espejo de las nubes.

Quetzal Noah

Y es ella, lo sabes, es ella
por la que dejas la cerveza
a media botella si te pide
que vayas a verla,
a la que te dan ganas
de besar en la frente
antes de decirte hasta mañana.
Y es sólo una chica,
después van llegando otras
que no son ella
y haces protocolos
y practicas rutinas
sólo hay una chica
que te hace derretir
la sustancia del estremecimiento.

Y esa es la chica
por la que le permites
al olvido la inspiración.

Es la chica por la que te dejas de pendejadas.

Ese pedazo mío que tú tienes

He venido por ese pedazo mío que tú tienes que me robó tu mirada desde ayer. He estado pensando en que deberías llamarme, pero no muy tarde porque puede que cuando quieras yo ya sea parte del aire. He estado pensando en tu cabello que es como un manto azabache que se extiende por los jardines cóncavos de tu cara. Sí, ese cabello tuyo que es como la noche: inspira y retrata tantas pasiones. He venido por ese pedazo mío que tú tienes el cual no quiero que tengas porque si lo tienes yo tendré que venir de nuevo bajo la luna de tu hechizo y querré arrancarte tu vestido y tirarte sobre las piedras del río y te haré el amor. Y tendré que besar tus orejas porque me recuerdan a los surcos de conchas de mar. Ese pedazo mío que tú tienes son deseos de atravesar con mis labios los puentes de tu cuello que me llevan a un país donde el amor no duerme. Mi sonsonete se vuelve más clamoroso. Mejor te hago una corona de laureles sobre la espuma de un romance. Pero por favor y por tú bien devuélveme ese pedazo mío que tú tienes.

Quetzal Noah

Una vibra tremenda

¿Sabes? Tienes una vibra tremenda, te acercas e irradias magia, sí, eso, eres magia pura, arte en movimiento, como si hubieses salido de un libro, si se acercan a ti enciendes de ánimo, porque lo tuyo es un fuego incesante, y cuando te caes, nos entristeces, nos pasa lo mismo a muchos, porque podemos sentirte, porque conectas, porque eres sincronía entre sol y luna, entre mar y estrellas.

Ojalá que no dejes de crear, de hacer eso que haces que nos pone brillo en la sonrisa a todos. Recuerda que eres pura luz, y a veces molestas tanto a los que traen oscuridad en su mente.

Lo extraño de coincidir

Me pongo a pensar en la manera
en que nos conocimos
las casualidades
más trascendentes de nuestra vida
son aquellas excusas
a las que con entusiasmo
les llamamos destino

y ella no sabe
me despertó los ánimos
y hoy le pregunté
a esa parte de mis latidos
que lleva meses decepcionada
¿qué tantos suspiros
te ahorras por no intentarlo?

Quetzal Noah

Duda existencial

Me pregunto
si cuando te miro
sabes que me hechizas
y no es un reproche
es una duda existencial

me pregunto
si sabes que en ti
existe un encanto que prolonga
la fantasía de querer
expandir las sonrisas
por distintos universos.

Estás lista para irte

Toma tus maletas
no empaques la plancha
la secadora
viejos pares de zapatos
o libros empolvados.
Necesitas acostumbrarte
a que a tu vida
le vendrán cosas nuevas
y mejores.
Es peligroso cargar
con objetos del pasado
pues llevan una energía
acumulada
y a veces pueden
distraerte
de encontrarte
con la persona
que vas a llegar a ser.

Cuando subas al coche
y mires por la ventana
no te aflijas
con los recuerdos
y piensa con optimismo
en aquello que dejas
por todo lo que has aprendido.
Y cuando escribas
en tu diario
desde tu nuevo hogar
reflexionando

Quetzal Noah

con tu café
tu vino
o tu chelita
sentirás la vibra
de entusiasmo
que tienen las semillas
al momento de brotar
te darás cuenta
que lo más difícil
ya ocurrió:
dar el primer paso.

Por lo pronto
termina de empacar
no lleves más de
lo que puedes cargar
para que tu espalda
se acostumbre
a andar ligera.

Cierra la maleta
abre tu corazón
córtate el cabello
como te dé
tu chingada gana
si gustas
tíñelo como paleta
de pintores.

Estás lista para irte.

Otras maneras de decir te amo

No me interesa hacer una revolución
en el lenguaje
me conformo con inventarme
otras formas de decir que te amo
para que no creas que no pienso en ti

por ejemplo
en lugar de decir te amo
podría decirte

Comienzo a creer que Dios existe porque no creo que tu sonrisa sea un accidente de la casualidad

tu voz hace que siempre me sienta como en casa

eres un libro de poemas que no termino de escribir

tu alma me provoca galaxias
tus labios son mi bar favorito
y tus caricias son otras maneras de viajar.

Quetzal Noah

No eres el amor de mi vida

No eres el amor de mi vida todavía
eres el amor de mi momento
de mis horas y mis instantes
yo sólo sé vivir el presente
eso no significa que no quiera
que te quedes para siempre.

Secreto

Sólo te quería decir que a veces te escribo cosas
que sé que no vas a leer y tengo la ingenua idea
de que un día se volverán un libro que encontrarás en
una librería sin saber que era para ti.

algún día...

Eres arte

Eres arte…artesanía oaxaqueña
tus sonrisas son alebrijes de alegría
que no dejo de contemplar
tu mirada labrada en tonos miel
como el ámbar chiapaneco
eres el paisaje palpitante en la memoria
la historia de un viaje
en donde uno
aprendió a amar la vida.

Así estoy bien

No quiero volver a perder el tiempo
tratando de explicar
porqué lo que escribo
es valioso para mí
y por ello lo llamo poesía
no quiero volver a sentir
que no merezco un poco
de la gloria a la que todos
aspiran cuando sueñan
con ojos abiertos

no quiero tratar de demostrar
que valgo
quiero que me quede claro
y que sea tan sagrado
como la vida
que me respira
entre la nunca
las entrañas
y los nervios.

Quetzal Noah

Conocerte fue concederme

Conocerte fue concederme a mí la oportunidad de mirar al mundo con magia, como lo haces tú. Tienes la gran capacidad de transmitirme una alegría tan pícara que creo que aumenta las defensas de mi sistema inmune, un abrazo tuyo o un beso en la frente son mejores remedios que las píldoras para la ansiedad. En medio de tus cejas se te dibuja una línea como si tu carita fuese una alcancía y pudiera depositar ahí los susurros de amor que los dioses configuran en mi natural éxtasis. No dejes que nada ni nadie le reste mérito a ese encanto que te puso la vida para animar a otros a ser mejores versiones que permanecer en las creencias de siempre, ni en vano te lamentes ese inconfundible entusiasmo por sentir sin reprimir tus fallos. Caminas como reina, te levantas como un fénix, pasas como playa en la piel dejando que las olas suban hasta la punta de la oreja, embelesas como musa, y en la divina textura de tus yemas hay secretos para sanar al alma. Conocerte fue concederme a mí la oportunidad de mirar al mundo con magia.

¿Cómo?

¿Cómo no sonreír todo el día?
¿Cómo no salir a la calle
con el rostro lleno de pétalos ?
¿Cómo le digo tus labios
viajeros del espacio
que vengan a darme otro beso?

¿Cómo no verte y sentirme nuevo?
¿Cómo decirte que me gustas libre
pero sería una dicha tu compañía?
¿Cómo salgo a buscarte?
¿Qué pretexto te invento?

¿Cómo le digo al tiempo
que se detenga para que no te vayas?
¿Cómo le digo a la luna que me preste
su luz para entrar en tus ojos?

¿Cómo le digo a tu cintura
de montaña que mis manos
son caballos y tu voz hace
que me olvide por completo
del mañana?

Quetzal Noah

¿Cómo le digo a la playa
que te vuelva sirena y a mí Neptuno?
¿Cómo se usan las alas
cuando uno no es pájaro?
¿Cómo no estar pensando en ti?
Si en el aura de tu pupila
que apenas conozco
habita esa delgada línea
entre ser un sabio
o volverse un loco.

Me sobran las ganas

Me faltan palabras para describir
cómo me muerdo
la boca cuando pienso en tu carne,
tengo hambre de tu olfato,
tengo hambre del arrecife
de algas y corales de tu sexo,
me faltan las palabras
para describir la manera
en que quiero abrazarte
¿Qué se siente ser tú y gustarme tanto?

Me faltan palabras pero
mi alma desde que te conoce
ha dejado de creerse extraviada;
sólo falta una caricia,
un paseo por el bosque
de tus cabellos, un peldaño
de besos con sabor a frutas
en tu ombligo, cambiar las almohadas
de pluma por los huesos del pecho,
tocr el piano de tus costillas
ver cómo tus pupilas dilatan
a las mías y cómo tu sonrisa
condensa mi aliento,
me faltan palabras a veces,
pero sólo de saberte
me sobra la imaginación,
me sobran las ganas.

Quetzal Noah

Me gustan tus adentros

No sé qué pienses, pero yo creo que
nos hacemos de expectativas

queremos que los amores
se parezcan a nosotros
que disfruten las mismas películas
la misma comida chatarra
y el ocio sin mutaciones del domingo

te confieso que tal vez más joven
pensé lo mismo

y ahora
que de pronto apareciste
me di cuenta de lo involuntario
que puede ser un encanto
cuando dejas de idealizar

ahora me gustas
por lo que eres
por lo que abarca tu pensamiento

                    por la consecuencia de tu boca
                  por el efecto musical en tu susurro
                       me gustas y no leemos
                          los mismos libros
                      me gustas y no sé bailar

me gustas
tú dibujas y yo compongo
tú muerdes y yo canto
tú te ríes de todo
y yo en todo pienso

¿Sabes algo?
No veo como impedimento
la superficialidad de los gustos
porque lo que tienes adentro
me gusta demasiado.

Quetzal Noah

A diario

Todos los días hay algo que agradecer.
Algo que aprender.
Algo que compartir.
Alguien a quien decirle Te Quiero.
La vida es una serie de valiosos
y pequeños detalles que a veces
vamos olvidando.

Dosis de gratitud

El secreto está en no dejar que termine el día
sin haber leído algo nuevo, sin haber
aprendido un poco más que el día anterior,
sin haber agradecido por las bendiciones
del presente.

Quetzal Noah

Así de fácil

Si algo no me nutre, no lo consumo.
Si algo no me da paz, no lo frecuento.
Si alguien pretende disminuirme
lo evito ¿por qué malgastar
mi energía en validarme
frente a quien no le parezco
suficiente?

Sólo quiere que la abracen

Ella no es tan complicada sólo quiere a alguien
que quiera quedarse para siempre.

Ella trae los ojos hechos montañas de ámbar
pero su corazón a diario se siente solo.

Y ella le sonríe todo para no ser indiferente
ella quiere cartas, poemas, cerveza, coger rico, siempre
y cuando todo sea sincero.

Que los sentimientos sean puros
que el amor no se resigne y luche sin tregua.

Ella no es mala, se aleja de lo que no le ayuda,
ella quiere crecer y tocar todas las lunas.

Ella no necesita falsas promesas,
sólo alguien que la abrace con el alma.

Quetzal Noah

Te tengo una pregunta

El mundo debe ser más bonito a tu lado
de lado de tus ojitos que enamoran mares
y juntito a tus orejas pedacitos de coral
donde bailan sin descanso las estrellas

Te tengo una pregunta
¿Cómo te gusta que te quieran
para que no te vayas?
¿Cómo te gustan que se rompan
los vientos en tu espalda?

El mundo debe ser más bonito a tu lado
de lado de tus hombros perfumados
con jazmín y tulipán de nubes
juntito a tu sonrisa de gloria en utopía.

La idea de estar contigo

Me gustaría estar contigo
hablarte de la forma más sincera que conoces
decirte los caminos que he recorrido
contarte historias cada noche
de San Cristóbal de las Casas, Tulum,
Guatemala, Oaxaca y mi soledad en
Guadalajara

me gustaría estar contigo
sin perder de vista tus ojos
y no tener las ganas de mirar a otro lado
estar contigo como el adolescente caliente
que no se separa de su primer amor

me gustaría estar contigo
como quise estar con la cerveza en los bares
como alguna vez amé la marihuana por
las tardes
me gustaría darte todo lo que aún no he sido
olvidarme del futuro
ya no invocar al pasado
y asesinar las viejas intuiciones
de que lo que bueno que me sucede
no lo merezco

necesito estar contigo
sentirme como un chico normal
que pasea con su chica en el parque

Quetzal Noah

quisiera estar contigo a lado tuyo
bailar de manera ridícula hasta que te rías
y me premies con hacer el amor
me gustaría estar contigo
y saber que todo este tiempo
la espera no fue en vano.

Vamos a dejar que todo fluya

Vamos a dejar que todo fluya
a ti ya no te gusta lo complicado
y yo no creo que en efecto
lo complejo sea sinónimo de valioso
vamos a dejar que todo fluya
como si sólo fuésemos nosotros
sin imitar, sin máscaras, sólo mostrarnos
tal y como somos
si te gusta bien
si no, nada perdemos
vamos a dejar que todo fluya
tú río y yo cascada
tú la tarde y yo horizonte
esos juegos de ocultarnos
no nos hace ver más interesantes
si algo hemos olvidado
es el asombro que provoca ser reales
sin que te comprometas
o si tu alma despierta con deseo de fuga
dejaré que todo ocurra pero primero
vamos a dejar que todo fluya.

Simplemente es bonito querer

Hay veces que se siente bonito
querer a alguien que no te quiere
y no porque uno sea amante
de los icebergs
simplemente porque la sensación
nos vuelve más reales
nos perfuma la sinceridad
la tranquilidad se come toda angustia
hay veces que se siente bonito
saberte capaz de luchar
con entusiasmo
de comprender la fragilidad
abrazar cada horizonte
como una chispa que se escapa
para encender un alma
que se creyó alguna vez perdida
hay veces que se siente bonito
saberte digno pero no correspondido
conjugar cada fantasía en un verbo
girando ante los luceros
y laberintos
simplemente se siente bonito
saber que uno no es tan frío.

No eres la chica de mis sueños

No eres la chica de mis sueños
eres la chica de mi realidad
y qué mejor
eres con quien conllevo el mundo
el lado de la cama
que mucho tiempo estuvo frío
la voz de mi camino
por ti entendí
que amar significa ser paciente
valiente y empático
cuando despierto y estoy en tus brazos
o tú en los míos
pienso que tengo
una nueva oportunidad para agradecer
por todo lo que me trajo a ti
y tomo la decisión de cuidarte
de aprender contigo.

Quetzal Noah

Invítala a salir

Invítala a salir ¿por qué le piensas como si dependiera el movimiento de los planetas de ello? Tal vez sí. Tal vez te va a decir que no, que está ocupada, que sale tarde del trabajo, que la escuela no le permite, que casi no se desvela, que vive lejos. Tú pregunta hasta que la dejes sin opciones ¿no te gusta el café? ¿entonces un té? ¿vives muy lejos? ¿y si voy por ti y te acompaño de regreso? ¿no te gustan los bares? ¿Entonces vamos al teatro? No sé, quizá no le guste algo que tú adoras, sin embargo, podría sólo ser un detalle que te ayudaría a crecer, y quizás, puede suceder, que ambos comiencen a descubrir otras cosas que no les sabían que les gustaban. No te prives de una oportunidad de conocer una caricia radioactiva para ese corazón que ya casi no late. Invítala a salir, si te dice que le gusta bailar y tú no sabes dile a tu madre, tu amiga, hermana o prima que te dé un curso intensivo de baile para primeras citas. Si ella te gusta, si la pronuncias cuando duermes, si te despiertas queriendo escucharla, si la ves y sueñas con el momento en que vuele tu mejilla por el valle de su frente entonces no ignores lo que sientes...

...si te dicen que hay más mujeres, es una verdad irrefutable, pero las demás no son ella, no te provocan, la ternura, la timidez, el sueño, la osadía. Invítala a salir que lo único que podrías perder son las dudas.

Latente energía del amor

Todo lo que soy, las canciones que escribo, los poemas que recito, el café que preparo, el abrazo a mis padres, los amigos que hice, los libros que hice, los hice con amor. Mi amor no tiene límites, cuando hablo de mi amor me siento fuerte, es como si el cielo, el océano y el aire, fuerzas que existen desde el inicio, se fundieran conmigo, como si la naturaleza hablara a través de mí, soy un sistema de átomos envueltos en una piel con un corazón fuerte que late de júbilo y un alma que se conmueve a través de esta experiencia llamada ser humano. Mi amor brinda por los que están aquí, en mi amor no caben juicios ni maldad, mi amor es una fuerza absoluta que no puede ser corrompida, ni tentada por venganza, odio, ni temores, cuando soy consciente de mi amor sólo puedo ver amor, y mi camino se aclara, los demonios se derriten, los muros se rompen, y brillo porque mi destino es sonreír.

Un día fui una semilla atrapada en una tormenta bajo un montón de arbustos, y de pronto brotó un tallo, un tallo con la fuerza para florecer, y florecí, primero fui pétalo y ahora soy un rosal.

Soy el amor de muchas vidas y en el amor tengo vida, los errores, los triunfos, los fracasos, las enfermedades podrán ir y venir.

Y el amor que tengo inagotable, no se extingue, no se crea ni se destruye, no tiene resentimientos ni se consuela con el olvido, mi amor es perdón, conocimiento y libertad. Soy libre porque amo y sonrío.

Cuando fui un tulipán en la montaña

No recuerdo muchas almas de mi vida anterior,
tal vez porque fui un tulipán que creció solitario en una
montaña.

Vi amantes revolcarse en el pasto junto a mí
y mi ser anhelaba experimentar
otras caricias que no fueran las del aire.

Muchos poemas me susurraban sus palabras,
tal vez por eso escribo,
porque soy el recuerdo de muchas voces.

Quetzal Noah

Momentos

Hay momentos para todo para llorar, para estar triste, para abrazar la soledad, para salir a dar un paseo, para dudar de la existencia, para renunciar al trabajo, para conocer a una persona, para acostumbrarnos a la ausencia, para enamorarnos, para extraviarnos un rato y regresar a nosotros. La magia que he descubierto en todos estos momentos es que en cada uno de ellos se puede escribir algo brotando del corazón que serene el alma o le brinde un poco de regocijo.

Me encantas

Me encantas no sé si mucho o poco tal vez ambas, me encantas en la mañana cuando despierto y pienso en ti como un acontecimiento interestelar. Algo sumamente improbable de suceder y me emociona que me sucedas a mí.

Me encantas cuando escribes y te muestras al mundo en tu forma más noble, en tu estado más simple, eres lo más puro que sucede a los ojos de un hombre que en silencio sonríe de euforia por tu bendita existencia.

Me encantas y puedo decírtelo sin titubeos ni dudas, como si hubieras hecho un viaje largo y yo te esperara en la sala de siempre.

Me encantas porque nunca eres vanidosa, porque tampoco sabes ser falsa, porque cada que me hablas me elevas, me sitúas surfeando entre mareas, por ti Dios a veces baja en forma de pajarillo para contemplarte más de cerca.

Eres tan necesaria para prolongar la eternidad que entre labios y dedos muerdo y por eso me encantas.

Propuesta

Le he de confesar
que el tiempo de mis ojeras
es proporcional a imaginarme
la causa de su sonrisa;
pero no le he venido hablar
de dudas ni desvelos
le vengo a proponer la tarde
y los helados la banca del parque
las caricias de miel
el pétalo
que se marchita
para convertirse en pájaro
si usted gusta de tomar mi mano
le prometo no atar su alma
y cuando guste;
dejarla volar sin retraso
quédese todo lo que quiera
y quiérame todo lo que pueda
porque en estos cuerpos
solamente andamos un rato.

Qué bonita eres

Qué bonita eres
quisiera decírtelo
no tan seguido
porque temo que te aburras
y me dejes de hablar

pero qué bonita eres
a veces quisiera ser el mar
y dibujarte en la boca
una sirena o un arrecife
todo tu cuerpo es un tributo
a la historia de los hombres
que valientes se pierden
en la locura
de la belleza de una mujer

decirte milagro
es reconocer
el perfecto diseño de Dios
cabes muy bien
en mi sollozo de luna
y mi respiro matutino

que seas tan bonita
me inspira, me flota,
me conspira
y me hace sentir débil

Quetzal Noah

y lo bonito
es que me vibra la piel
que tu tacto
me pone nervioso
y tu charla me regocija
recomiendo a los chicos
dejarse llevar por
la cursilería y la amabilidad
no quisiera decirte
lo que ya todos te dijeron
pero
qué bonita eres.

Al tiempo le puse tu nombre

Yo al cielo le puse tus ojos
a la noche tu sonrisa
y al tiempo tu nombre
amo tanto mi libertad
que he pensado
en compartirla contigo

voy caminando hacia esa utopía
de alcanzar tu mano
para llegar a ese lugar
llamado nosotros

puedo ver en ti
mis lagunas, mi atardecer,
mis cavernas

el aliento de tu pecho de menta
la esfinge de tu cuello convenciendo
a los ángeles de sembrar en él flores
quédate conmigo esta noche
ninguna sombra podrá atormentar
ningún laberinto oscurecerá
cuando me acerque a tu oído
yo al cielo le puse tus ojos
a la noche tu sonrisa
y al tiempo tu nombre.

La falta que me haces

Aquí me tienes
pensándote como siempre
bajo la sombra de la duda
esperando inventar
el pretexto más tonto
para salir corriendo a buscarte
y arrojar las palabras que me trago
para confesarte
la falta que me haces.

Fotografía

Te ves bien bonita cuando sueñas
y estás convencida de tus poderes
te dejas el cabello suelto
luego te lo recoges
y te miras al espejo
con cierto humor
sabes que un poco de vanidad
viene a ser saludable
para ese corazoncito
que resplandece cuando
persigues tus convicciones
y le hablas al mundo
de lo que te apasiona
¿Me dejas tomarte una foto
para imaginar las tardes de lluvia
que tendré un encuentro contigo?

Quetzal Noah

PAS

Eres una persona muy lista ¿lo sabías? Luces como una mente distraía porque tus neuronas están estallando una y otra vez conectando ideas, inventando mundos, situaciones que rara vez sucederán. Y eso a veces puede provocarte pánico o ansiedad. Seguramente te has dicho: quisiera pensar menos o tal vez si estuviera más pendejo lograría ser un poco más feliz. No toda la gente te entiende, algunos te creen loco simplemente porque son incapaces de pensar en cosas profundas. Tu inteligencia te hace estar más despierto, eres más sensible y por ello también el mundo te duele con mayor frecuencia.

Aviso de ocasión

Muchacho flaco/
no muy guapo ni muy feo
escribe más de lo que habla/
amante de la cerveza
y los viajes de mochilazo.

Solicita
Mujer de pechos blancos
o morenos/ no importa el tamaño/
experta en vuelo de caída libre/
coleccionista de versos/
observadora de Venus.

Se ofrece
Medio millón de caricias al mes/
cuarto con vista a otra galaxia/
besos más profundos
de los ya inventados/
celebrar la poesía sin horarios.

Quetzal Noah

Un día de estos

un día de estos
vas a sentir
lo que es que te quieran
con todo el corazón en las manos,
sin miedo, sin celos, sin horarios,
sin etiquetas, sin aparentar,
sin apatía, sin reproches,
y sobre todo sin pedirlo.

Pues chingue su madre

Te disfruté aunque ahora esos días
me resultan apenas un segundo
y a penas... empiezo a aceptar
que pues chingue su madre
la vida es así
a veces te gusta tanto una persona
y tú no le gustas
y por más caprichosa lucha
merecemos también a alguien
que traiga voluntad de conquistarnos
así como nosotros
vamos desnudos mostrando el entusiasmo.

Gustarte al menos una vez

Deseo muy pocas cosas la verdad
porque ya sabes… como dicen los budistas
el deseo lleva al sufrimiento
pero como todo, el sufrir tiene ciertos goces,
deseo muy pocas cosas la verdad,
y una de esas cosas que deseo
es gustarte al menos un verano
un mes, una semana, un día, una hora,
una parte de ese tiempo
que tal vez vas a gastar en llorar
por pendejos que no te van a mirar
de la manera que yo lo hago.

Para escribir un libro de poesía

Para escribir un libro de poesía
necesitas la memoria
de un beso bajo nubes lluviosas
la de la muerte de un ser querido
la de una cita torpe
la de una cita asombrosa
y un par de ojos seductores de insomnios

no olvides llevar
a todos lados
la pluma y el cuaderno
nunca sabes
dónde te puede sorprender
la inspiración de los recuerdos.

Quetzal Noah

Mi shangri la

Cuando estudiaba la universidad
quería trabajar
en una gran oficina
mirando el mundo
a través de la ventana
de mi pequeño reino

ahora sólo quiero estar lejos
de los coches y el ruido de las fábricas
bebiendo cerveza o café
escuchando la lluvia
o buenos discos
junto a la ventana
de mi biblioteca

mi shangri la
mi paraíso
es un lugar
con muchos libros.

Lo que tú no sabes de tu arte

El mundo necesita tu arte
quizás no lo sabías
pero cuando creas
un cuadro, un poema, una canción
cuando bailas
cuando cantas
cuando tomas un lápiz para dibujar
nace una fuerza y es como
una bola de nieve
y crece para despertar en otros
el deseo de crear
y cuando alguien está triste
o no quiere salir de la cama
es cuando tu arte corre
entre las olas del viento
para volverse un susurro
y crea el momento
que da sentido a nuestros pasos.
Y creo que eso es suficiente
para seguir creando.
El mundo necesita tu arte
pero tú no lo sabes
y ellos tampoco.

Corazón de piedra con actitud de mina

Es natural que te sientas vacía, que tengas miedo. Es natural que hayas perdido la esperanza y por más que mantengas el rumbo, encuentras una decepción, el mundo ha perdido la belleza que alguna vez para ti tuvo. Esto no te pasa hoy, te pasa cinco o seis de los días de la semana. Lloras por un chingo de cosas que ya no tienen sentido. Pero todo eso es un reflejo de las heridas. Te pones muchos pretextos para no merecer los buenos detalles que te da la vida. Te ciegas constantemente. Porque sabes que no te duran. Entonces te pones un escudo, un rostro para desanimar al que se te acerque. Pero no es porque no quieras sentirte querida. Traes corazón de piedra con actitud de mina. En el fondo necesitas la paciencia para que alguien encuentre todo el oro y los diamantes que traes adentro.

Fractales

Soy la luz en la forma de un cuerpo
los libros que leí
son también otras vidas que he vivido
y cuando me siento
roto o fragmentado
las canciones van
pegando mis pedazos dispersos

para soportar la vida
las almas más sensibles
se funden en alguna
de las diversas formas del arte

por eso cuando escribo
no soy yo
soy un canal donde se manifiestan
las voces que cantan
los cuerpos que bailan
y las almas que se han ido.

No a cualquiera se besa en la frente

Yo no quiero ser el amor
que te trae bonitos recuerdos
quiero ser el amor que se queda
para seguir creando
las historias que superaron
nuestras expectativas
yo no quiero que la distancia
te haga dudar

quiero que cada vez
que me veas de vuelta
sepas que yo regreso
por el gusto de saber
que cada próximo encuentro
es una estrategia
que te va convenciendo
en secreto
que sería mejor
construir mirada a mirada
sin desalojos ni penas
un camino
que andar esperando
a que el destino
decida por nosotros

a la chingada las esperas
los aviones
las salas
las rutinas
la seguridad
no hay más certeza
que este fuego palpitando
día a día
que extingue todo lo que no es real
y lo que no me da coraje ni esperanza

yo no te prometo
sonrisas todos los días
también te prometo mis
pesares y mis malos ratos
pero esos no serán motivos
para seguir disfrutando
de la libertad
con la que fortalecemos
nuestro cariño

Quetzal Noah

yo no te quiero coger sin poesía
quiero que la poesía
nos folle por cada poro
y que al despertar
nos relajemos de simulacros

yo no te prometo
que todos los días seremos fuertes
pero te apuesto
a que si estamos juntos
será más sencillo lidiar
con los dramas de la existencia
a medias no le entro a nada
te querré rota o entusiasta
risueña o bohemia

te querré
como hasta ahora
aspirando a salir de la crisálida

no me dejes de dedicar canciones
de pronunciarme en tus pestañeos
de mirarme en el cristal del coche
de saborearme en los chocolates
de encontrarme sentado en cada bar

y es que querida
no a cualquiera se besa en la frente
yo no quiero tener historias
con miles de amores
quiero miles de historias
contigo.

Entonces quédate conmigo

Si mis labios
llueven en tu ombligo
si mi agitación de aliento provoca
sismos y maremotos en tus muslos

si mis brazos encuentran
la forma natural de expandirse
para abarcar tus sombras
y no dejar que te hundas
en el olvido de una experiencia confusa

si mis dedos disparan
cometas y caballitos de coral
asomándose en tus suaves nalgas

si se evapora mi esencia
y en ella te elevas para hacer inspiración
en cualquiera de las tristezas
si con detalle fugo el clavel
más curioso de la primavera
y lo acomodo en tu latido

si el anhelo
es un mutuo acuerdo
para que nos cuidemos
entonces quédate conmigo.

Necesito que te vayas

Necesito que te vayas
que seas tú
que seas libre
que no te quedes
donde no creces
que no te quedes
con quien no te hace feliz
necesito que te vayas
para que se te quite
la monstruosa costumbre
de depender de alguien
para que conozcas
otros horizontes
para que te dejes llevar
por tu hermosa locura
necesito que te vayas
para que abras un camino
y seas dueña de ti
para que vivas
entre la magia y lo oculto
para que la distancia
te fortalezca y la soledad
te inspire otras ideas
no te quedes
necesito que te vayas.

No te falta amor

No te falta amor
te faltan ganas
porque ya sabes
lo que son los insomnios
hechos cascada de sal
porque no quieres
que te congele el frío
de la ausencia
no te falta amor
te faltan ganas
ganas de creer
que puedes importar
que alguien existe
con la misma sensación
de no pertenecer
como tú
y podría entenderte bien.

Quetzal Noah

Te idealizo

Tengo un concepto muy idealizado de ti.
En el fondo creo que guardas la fuerza
necesaria para convertir en ave, abeja, miel,
rosa o lo que quieras.

Y pienso que deberías intentarlo.
Ir más allá de lo que supones.
Si temes por algo yo te acompaño.
La idea que tengo de ti crece,
es esperanza en muchos aspectos
de mi vida, pues, aunque tal vez quieras
decidir tu rumbo en solitario.
Yo te propongo mi mano como
compañero de viaje.

Pienso en que aquello que tanto buscas
crecerá en tu corazón como un bambú
que el camino es la semilla
que tu ánimo es tu guía.
Tengo un concepto muy idealizado de ti.
Tal vez me digas que las expectativas
no van contigo y que de cierta manera
el idealizarte te hace sentir presionada.

Creo que puedes romper tus propios paradigmas repro-
gramar tus conjeturas
y surfear sobre tu mismo caos.

Tengo un concepto muy idealizado de ti.
Porque tienes el carisma
y carácter para construir
tu propio paraíso.

EN
EL BAR

OTRAS MANERAS DE VIAJAR

Es hora de que te rías

Es hora de que te rías mi niña hermosa,
que el estómago te duela
de puras carcajadas
¿Hace cuánto que no te pasa?
Qué linda te ves despreocupada,
con esas ganas de agradecer
cada momento en el que te descubres.
Es hora de que te rías mi niña hermosa,
que recuerdes
aquella vez en que el destino
te reinventó y acariciaste
a la luna con un susurro.
Es hora de que te rías mi niña hermosa,
de coquetear con la melodía de la tarde.
Que la ansiedad no te gane la carrera,
que el mal rato no alcance tu calor,
que tanta realidad no te aleje del firmamento,
que la desesperación no se acueste contigo,
porque tienes canción y chispa
la impresionante habilidad
de poner poetas a los astros.
Es hora de que te rías mi niña hermosa.

Hagan algo para que vuelva el amor

No pierdan tiempo
vayan y abrácense
róbense entre sueños
revuélquense en la arena
recuerden que están despiertos
no pierdan tiempo
si se gustan bésense
y si no; intenten,
nada pierden
háganse reír
sean cómplices
desvaríen, mójense
rueden, caigan y vuelen
no pierdan tiempo
destrúyanse si quieren
pero hagan algo
para enamorarse nuevamente.

Eso de figurar en tus planes

A veces tengo ganas de buscarte
y hablar de cualquier cosa
sólo por el hecho de que a tu lado
la profundidad y la simpleza
son parte de lo mismo
y quizá es parte del lucero
que me cautiva de tu persona
a veces tengo ganas de buscarte
como a eso de las doce
cuando todos alistan sus camas
y tu frotas las sustancias químicas
en mi cerebro que nos evocan al recuerdo
¿Cómo estás? ¿Qué tal te fue con tus amigos? ¿Quieres
un poema antes de dormir?
Absurdo me veo insistiendo cuando
tú has aclarado sin demora tus intenciones,
no es que uno no se quiera o
solito se hace menos
es que mi corazón no me deja dormir
si no sé qué te encuentras bien
que no traes nada que te preocupe
que hayas podido decir todo
y no llevarte secretos
que se vuelvan piedras pesadas

sólo quiero que estés bien
y que no dudes en buscarme
aunque eso de figurar en tus planes
ya no esté en tus planes.

Salgo con una chica que ríe demasiado

Salgo con una chica que ríe demasiado
en un principio pensé que era un padecimiento
que debía ser tratado medicamente
una noche conocí a un tipo que le daban
ataques de risa y tenía que controlarse
con un tratamiento corporal. Esta chica
se ríe demasiado, parece que no
se puede tomar nada en serio, ni a sí misma
y eso es bueno, por lo general la gente
que se toma demasiado en serio termina
por convertirse en un fracaso de lucidez.
En una ocasión se quedó tirada en la banqueta
porque las costillas se le iban a salir
de puras carcajadas. Yo creo que las personas
que ríen mucho tienen
un poema en los pulmones.
Sospecho que un día serán pieza fundamental
para educar a los nuevos ciudadanos y así
ir contrarrestando el aburrimiento o el hambre.
Salgo con una chica que ríe demasiado
y lo extraño es que no...no huele a weed.

Cuando una mujer se te atora en la garganta

Le dices que vas a su casa
te dice que no puede
que no va a estar
que se va a dormir con su gato
sepa la chingada
al día siguiente le preguntas
de su noche
le conversas de tu mañana
tratas de darle señales
de que te gusta
pero ellas siempre lo saben
lo saben desde que le pediste
su número
para que te escriba
de que llegó bien
ella sabe que te gusta
la mirada y los detalles
dicen todo de tu intención
no hay que añadir palabras
aunque de vez en cuando
nunca falla
volver a ser un cursi

le dices que vas a su casa
te dice que ya se va a dormir
no te cree
porque
está tan acostumbrada
a las palabras

Quetzal Noah

que de un tiempo acá
prefiere los hechos
rápidos, contundentes, certeros
sin reproches
y el día que te cansas
de insistir
porque asumes
que está ocupada o que
no tiene la menor relevancia
tu presencia para ella
es cuando te escribe
¿No quieres venir a mi casa?
La cabrona sabe
que podrías dejar el negocio
más importante de tu carrera
sólo por ir a escucharla
y es hermoso
cuando una mujer
te atraviesa los ojos
y se te atora en la garganta.

Certeza de que te necesito

Entras en mi corazón
pasas como un carnaval
una feria en un pueblito
me llenas los suspiros de fiesta

> a veces me pregunto
> ¿cómo es para ti entregarte
> con esas ganas
> que también contagian a mis deseos?

Te ves tan linda luchando
contemplando mi asimetría
para venir aquí
a serenar todos los segundos
que no hemos aprovechado
en las noches en que me faltas
me consuela escribirte
como si estuvieses frente a mí
porque mi corazón y el tuyo
lo sabes
laten en la misma frecuencia
somos para el otoño
flores deseosas de color
somos para el invierno
cuerpos que calientan
los alrededores
mejor que cualquier fogata

me tocas el centro de gravedad
y floto
tus hélices carnívoras son el regocijo
de un hogar tras un largo viaje
entras en mi corazón
en mis sueños
en la literatura
en mis suspiros
no hay casualidades
desde el ángulo de las dudas
sólo certeza de que te necesito.

Qué bueno que te fuiste

Me da gusto que te hayas ido. Me da gusto saber de ti. Que a final de cuentas tuviste un momento de inspiración que te dijo: no te quedes donde no creces. Y me emociona verte brillando. Que te aferraste a tus sueños y locura, tanto y que te convenciste que eras genial y que merecías lo que ahora tienes. Conforme creces y contagias tu entusiasmo te vuelves las ganas de otros de ir más allá, de salir de casa, de que al menos una vez uno tenga la valentía de escuchar lo que le dice su corazón. La insistencia puede más que el talento. Es que lo intentaste y lo intentaste hasta que aprendiste de tus errores y te volviste lo suficientemente bueno como para conocerte y no mirar atrás; y eso hizo la gran diferencia.

Quetzal Noah

La mejor fiesta

La mejor fiesta eres tú
cuando sonríes y bailas sin pena
cuando disfrutas de ser tú mismo
y te invitas una cerveza
cuando celebras tu inteligencia
y bendices al cielo
por todo lo aprendido en tu viaje
cuando ignoras al impostor
y estás convencido de tu alma
y su fortaleza

no te aferres a nadie
ciertas personas aparecen en nuestra vida
y también están haciendo su viaje
toma lo bueno de su experiencia
y agradece las lecciones que te dejan.

Autenticidad

No sé si ya te diste cuenta...
del tiempo que has perdido
por encajar donde no agradas
como si ser tú mismo
no fuera mejor que actuar
como una copia prefabricada.

Quetzal Noah

Pérdida de tiempo

No te enfoques en lo que no te da paz
ni malgastes tu preciosa energía
tratando de convencer a otros
de lo mucho que vales.

Voy a dejar todo por un tiempo

Voy a dejar todo por un tiempo
es hora de reinventarme
de conocer gente nueva
de deshacerme de las absurdas ideas
que me fueron llevando
a la niebla
pero a fin de cuenta
uno debe estar agradecido
con lo que aprende
con este deleite de dolor
que conlleva la misma vida
lo importante no es persistir
en la pena
sino saber sacar partido de ella
voy a dejar todo por un tiempo
comenzar cosas distintas
ampliar mi visión
en amores hay derrotas
y en lecciones hay una fortuna
vengo ya desde hace un tiempo
queriendo romperme la madre
para renacer

hacen falta unos chingazos
por parte de la vida
y sentarme a ver el atardecer
de mi pasado
para reflexionar en lugar

Quetzal Noah

en el que ahora miro
cómo el mundo
se ha interpretado desde
la perspectiva que hice de él
me voy
debo dejar todo por un tiempo
ha llegado el momento de reinventarme.

Por todo México

Que escuchemos un mariachi en las haciendas de Tequila, que vayamos un domingo por barbacoa envuelta en penca de maguey a Actopan, que nos subamos al metro de la Ciudad de México y pasar todo el día visitando sus museos y luego hacer un tour de tacos callejeros, que hagamos un viaje de hongos en Palenque y desayunemos pan con café y tamal de chipilín en San Cristóbal de las Casas, que te pida ayuda para terminarme mi tlayuda en Oaxaca, que bebamos caguamas viendo el atardecer en Mazunte, que probemos las chelas artesanales y los tacos de mariscos de la Baja, que escuchemos rock gringo en los bares de Todos Santos, que hagamos carne asada con los amigos y que escuchemos corridos de los Cadetes de Linares en Monterrey, que en Guanajuato nos subamos a ver al Pípila y nos embriaguemos en memoria de José Alfredo, que nos subamos a la pulmonía en Mazatlán y comamos tostitos con ceviche, que caminemos de noche por el centro de Morelia, que me leas poemas de Rosario Castellanos en Comitán...

y así seguir enamorándonos tú y yo
y también de México

Ciertos errores

Un día
se me pasaron de verga en el amor
creí que no volvería a confiar
y lo hice
y fue peor
pero uno aprende
que muchas personas
tienen un desmadre
con sus sentimientos y su cabeza
y bastan un par de señales
para estar alerta
y no cometer
los mismos errores

pero muchos errores
hablan bonito
besan chido
y cogen rico.

Tu lucha

Siempre habrá gente a la que no le gusta lo que haces, en su ingenuidad y consuelo se atreverán a decir que ellos lo harían mejor ¿Y sabes algo? La gran diferencia es que tú te atreviste a confiar en ti. Todos hemos subestimado el esfuerzo detrás de una historia que no conocemos.

Quetzal Noah

Me gustas un chingo

Me gustas un chingo
pero no te pases de lanza
me gustas un chingo
quedan cortos esos cursis
y a su vez pendejos
'me encantas'
Si supieras cómo te he querido
tu pinche ego se elevaría
más de lo que ya está
y te pondrías bien caprichosa y fría
porque sabrías que mi cariño
es verdadero
pero nunca he entendido bien
¿De dónde surge esa puta necesidad
de jugar con los sentimientos de alguien?

Un milagro diario

Cuando me voy a la cama, entra en mi olfato un profundo aroma a ti, a mujer dormida, a tu sexo rosado, a tus pestañas dibujando una ráfaga de mar, y mis oídos necesitan saber que estás bien, que te sentiste agradecida, que creciste, si es que hay algo que te inquieta.

Y también necesito decirte unas buenas noches, un descansa ángel de mis sonrisas, despertar de mi valentía, sincero frenesí de la pasión, carne de fuego, te adoro. Hay un milagro que me gustaría contemplar a diario: tú abriendo los ojos al despertar.

Quetzal Noah

Las ganas que te traigo

Tengo ganas de hablarte
pero no quiero hacerlo
porque vas a pensar
que por ti estoy muriendo
y la verdad es que sí
si delato el sentimiento
tengo miedo de ahuyentarlo
¿Debo fluir o dejar
que el sufrimiento entre
levemente en mi piel
y me llene de dudas?
Tengo ganas de hablarte
pero de tanto pensarlo
quiero creer que tú lo harás primero
y no por hacerme del rogar
ni por jugar a sentirme importante
es que quiero darme cuenta
si tú también
traes las ganas que te traigo.

Hay un hombre que te escribe

Hay un hombre que te escribe todos los días
cuando se asoma el sol
las primeras palabras
que salen de sus labios
te pertenecen

hay un hombre que te escribe en la noche
cuando te vas a emborrachar y a inventarte
las tristezas en las miradas
de los que no se asombran con tu existencia

hay un hombre que te escribe
y busca paraísos, galaxias, templos
cuando piensa en tu curva celeste
dibuja con sus dedos tu cuerpo

hay un hombre que le pone
a los atardeceres tu nombre
mientras tú te miras al espejo
y lloras por no sentirte querida
y te levantas sintiéndote más sola que nunca
acariciando la indiferencia
del cariño que te busca y no quieres
pero en el fondo dirías ¿Por qué esperé tanto?

Hay un hombre que ya no sabe buscarte
sin parecer molesto
y su corazón se preocupa
y no le queda más
que escribir sus sentimientos.

No sé si les ha pasado

No sé si les ha pasado alguna vez
que sienten dragones en el pecho
y no encuentran momento
para dejar salir todas las palabras
que nunca llegan a su cuestión o destino
esas palabras con las que nos dormimos
y nos causan pesadez en la mañana
no sé si les ha pasado
que el helado deja de saber igual
el vino sabe a tragos entristecidos
y los cigarros son sus únicos amigos
cada canción de amor se vuelve himno
las tardes se convierten en almohadas
y la noche, la noche, hija de la chingada
la noche nos embriaga de melancolía
y de uno que otro destello suicida
no sé si les ha pasado
que ya ni siquiera voltean a ver las nubes
olvidando incluso al sol y la luna

Quetzal Noah

no sé si les pasa
que no importa si regresan o no a casa
pues sienten en el encierro agrandar la pena
recordamos lo mortales que somos en el olvido
no sé si les ha pasado pero algo parecido
se siente cuando uno no es correspondido.

Ya no quiero verte destruida

Ya no quiero verte destruida,
deshecha y triste,
llorando porque te sientes sola,
ya no quiero verte destruida con esos ojos tan bonitos
reflejando lagos de nostalgia,
ya no quiero verte destruida,
cuando busco construir un puente
que conecte nuestras voces
terminas por dejarlo en ruinas,
aclararía tu cielo
si al menos dispusieras de buena voluntad
una temporada para no nublarte.

Ya no quiero verte destruida,
qué fácil encuentras la manera de derrumbarte,
insistes en alejarte
de lo bonito que nos sucede,
habría tanto que disfrutar
y no te atreves a que todo sea diferente
porque te sigues atormentando
con los temores de siempre.

Cuando te alejes

Cuando te alejes
no mires atrás
no trates de explicar
tus razones
las razones son tuyas
no me pertenecen

me haré a la idea
de que no hay más
química entre nosotros
o que tomarás
un camino distinto
más corto o más largo
y entenderé
que para uno de los dos
continuar
resulta ya muy cansado.

Mi chica está triste

Mi chica está triste
la veo preocupada
con ansiedad
me destroza lentamente
no poder darle certeza
no saber convencerla
de que todo está bien

mi chica está triste
habla poco
llora mucho
yo la acompaño
por sus píldoras
para dormir y sonreír

mi chica está triste
y sin embargo
sigo con el corazón
lleno de ánimo por estremecerla
en mis brazos
y darle un trazo de luz
que la sostenga en su oscuridad

mi chica está triste
quiero correr hacia ella
estar a su lado
y procurar
que encuentre en sí misma
la paz extraviada
y la acuarela que ilumine su rostro.

Espacio en los cajones

Estoy haciendo espacio entre mis cajones
acumular objetos comunes casi siempre
provoca ciertos retrasos a la hora de irme
y ya llevo rato acostumbrado a las partidas

me he deshecho de un mazo de cartas tuyas
las arrojé al fuego de la carnita asada
una tarde de sábado en la que me sentía
despejado de la insistente melancolía

encontré también aquellos libros
que me prestaste
los he sacado al garaje en una venta de remate
quizás esa plata me servirá para comida
o un pasaje

si un día llegas porque
los quieres de vuelta te diré
lo lamento, que tardaste
y los tiempos de cada persona
son diferentes en cada uno cuando se sabe
lo que se quiere

ya me desahogué con tanta insistencia
que en su momento hasta me llegué a odiar como el
villano de la historia que cuentas

no quedarán más rastros de nuestras aventuras
sólo lo que llevo en la memoria por si las dudas.

Quetzal Noah

¿Qué sucedió cariño?

¿Qué sucedió entre nosotros cariño mío? Todo iba muy bien. El destino pareció destellar un paraíso frente a nuestros rostros, pero ¿Qué te pasó? ¿Qué te dio temor? ¿Los poemas al oído al despertar de la cama? ¿Las cartas sin motivo especial? ¿Los besos con los que te callaba cuando hablabas? ¿Las charlas por la tarde mirando filamentos de nubes? ¿Qué pasó contigo clavelito? ¿Por qué fue tan repentina tu duda? ¿Olvidaste lo que era sentirte especial? Ya mis ojos cansados de mirar sin encontrarte se hunden entre preguntas ¿Vuelvo a insistir para convencerte o simplemente te dejo con tu corazón ausente?

Alguien que quiere abrazarte toda

Dime ¿Cómo se renuncia a lo que no te pertenece?
¿Cómo curas a los insomnios tatuados
en la almohada?
¿Cómo se deja de anhelar lo que no
nos corresponde?
Quisiera llegar a tus brazos
con todas las sonrisas
que verás durante el fin del mundo
quisiera darte lo que el cielo me dio
para compartir
y que mi pecho fuera durante varios inviernos
el hogar de tu cabeza desnuda.

¿Cómo no habría de quererte?
Si eres el caos más hermoso que acontece
el suceso intergaláctico
la atmósfera de las horas dulces
eres la fascinación más agradecida
que la poesía se atrevió a regalarme
estoy lleno de esos besos tuyos
que se quedaron en la frontera de mis versos
en el resplandor de mis pupilas
y es que eres tan mía que tengo
que dejarte ir

porque quiero perpetuar
este anhelo que derriba a los titanes
que hace nacer cascadas
y ciudades llenas rosas

eres tan mía que quiero
que te tenga con quien tú elijas
compartir la maravillosa
locura que querer renunciar a todo
esa locura que sólo
hasta ahora
a mí me ha convertido
en alguien que quiere abrazarte toda.

Un mundo mejor

Me desperté muy decidido, con ganas de ser más valiente. Le llamé y le dije: Estoy hasta la madre de tener que esperar, de dejarle toda la labor al destino, hay cosas uno acepta y otras que se pueden cambiar, y la neta, quiero conocerte, a lo mejor no quieres nada serio, a lo mejor sólo quieres coger, y está bien, siempre he creído que dos personas que se cogen con la mutua empatía del deseo hacen un mundo mejor, tal vez tenemos más en común de lo que pensamos, tal vez podemos hacer una configuración distinta de la existencia. Somos millones y millones de seres, y encontrarnos, reconocernos, es otra manera en que se manifiestan los milagros. No te pierdas la oportunidad de conocer a alguien a quien con tu sonrisa más espontánea le provocas arte en las entrañas. Y ella me dijo: Si cogiendo hacemos un mundo mejor, yo le entro.

Quetzal Noah

Lo que tú quieres que sea

Seré el más agradable, el que más te convenza, seré el tacto que desate los nudos, seré la noche que te tatúe lunas, seré la poesía recién descubierta, seré el llamado del sueño, tu ángel despierto, seré la caricia del roble, tu abrazo de invierno, seré si quieres con el que sólo te besas los fines de semana que te pones borracha y te entran las ganas, seré si quieres sólo el que te vea para chuparte toda la concha, seré el que te levante la falda cuando juegues a que no eres cachonda, seré el que recorra tu vientre como una runa arcana o un código esculpido en una piedra, seré si quieres el personaje que no salió de la fantasía o el que convierte tus piernas en gelatina, seré todo lo que tú quieres que sea porque ese es mi poder.

Me tienes

He ido perdiendo paulatinamente el orgullo
también poco a poco mi dignidad
pero lo que no he podido perder
es el anhelo de tenerte en mi vida
insistir nunca fue mi mejor arma
y no creí tener el valor antes
de querer cumplir tantas promesas.
¿Quieres pasar de ser la chica de mis sueños
a la de mi realidad?
¿Qué podría regalarle de mí al universo
para que te traiga a mi encuentro?
Detengo mi vida
en instantes de melancolía
quererte a pesar de estar lejos
porque cada parte tuya me inspira
puede sonar a ironía
no sé qué hacer para que te quedes
ni cómo evitar que te vayas
me he perdido de tantas personas
por estar perdido en ti
no soy nada tuyo
y aun así me tienes.

Quetzal Noah

Hemos terminado

Hemos terminado. Ha sido un gusto llegar hasta aquí a tu lado, sosteniendo tu mano, dejando los puntos suspensivos para que cada quien pueda seguir con su rumbo. No te digo hasta pronto sino ojalá que no haya ningún después, que todas las memorias se destruyan antes de que muera. Hemos terminado. Siento el peso de una derrota en mi espalda que desde tiempo atrás no me deja avanzar, pierdo equilibrio, quiero estar dormido todo el día, pero no quiero despertar viejo, hemos terminado y ahora hay que mudarnos. Yo de estrella, tú de planeta. Yo de instrumento, tú de armonía, cuando el error inunde tu conciencia, mi barco estará alcanzando tierras vírgenes lejos de todo diluvio, hemos terminado y no hay marcha atrás, no hay poder en el cosmos que pueda juntarnos y si lo hay creeré que juega a reírse de mi desgracia. Hemos terminado. Ha sido un gusto llegar hasta aquí gracias por tu compañía que sólo me hizo sentir solo, gracias por tus besos falsos fingiendo eternidad, gracias por heredarme tus miedos si no me deshago de ti todo esto me consumirá. Hemos terminado. Ha sido un gusto llegar hasta aquí.

No me salves

Me hiciste sentir luminosa, como si yo tuviera un poder que ni yo misma reconozco, como si dentro de mí estuvieran todas las respuestas, como cuando miras un cuadro y el corazón se estremece entre la felicidad, tristeza y asombro. No puedo privarte de las palabras maravillosas que te salen, sin embargo, yo no me siento como todo eso que tú logras ver en mí. No puedo cortar tus alas, pero no puedo volar contigo, déjame aquí, tengo un montón de pedos en la cabeza, un desmadre constante que me desequilibra, que me derrumba, me arroja cuando creo estar bien y ya tengo suficiente conmigo misma como para soportarlo. Por favor, no romantices la insistencia, escribe un poema que te sane de esto si es necesario. No entiendas nada de lo que te digo como una oportunidad para sanarme, no permitas que tu ego te haga creer que yo estaría mejor de tu lado.

Estoy bien, aunque no todo el tiempo me siento suficiente, he ido aprendiendo a bastarme con lo que soy. Te agradezco tus buenos deseos de creer, pero qué egoísta resulta pensar que uno es lo que el otro necesita. No intentes salvarme.

Quetzal Noah

Tulum

Me encantaba Tulum
lo conocí hace casi diez años
me escucho viejo al decir
que cuando yo llegué
casi no había hoteles
ni restaurantes de cortes
ni lofts en medio de la selva
literal era puro monte
y era el paraíso
de aquellos que todavía buscaban
un poco de paz
en un mundo que se empeña
en destruir lo bonito que le rodea

hace poco volví
vendían experiencias espirituales
desde cien dólares
uno que otro chamán sudamericano
te garantizaba el despertar de tu conciencia
con una ceremonia de ayahuasca
otro hombre blanco que vestía
ropa de manta y tenía barba larga
te invitaba a una ceremonia de cacao
para conectarte con tus raíces
por el mismo precio
para quienes tienen dinero
y no conocen la espiritualidad
cualquier camino es tentador

había también un grupo de chicos y chicas
casi todos venían de San Pedro,
la Condesa, la Roma, Chapalita
y todos los barrios fresas que te imagines
dizque a descubrirse a sí mismo
habían renunciado a todo
y ya no se preocupaban por nada
porque sus papás les seguían
depositando como veinte mil pesos
por mes
mientras ellos ayudaban al ambiente
trasladándose en bicicleta
y comiendo platos veganos de doscientos pesos
también había otro grupo de argentinos
que ahora es todo un barrio en el pueblo
la gente sigue llegando
Tulum les promete una salvación
un destello

Quetzal Noah

les hacen creer que sus vidas
fueron alineadas por el cosmos
para llegar ahí
y vivir toda una experiencia
de renacer espiritual
desde un departamento con alberca
a unos kilómetros de las ruinas mayas.

Me estoy acostumbrando a callar

Me estoy acostumbrado a callar
lo mucho que te deseo,
me guardo en los labios mordiscos
y susurros.
Cuando me recuesto en la almohada
pienso en el tiempo que no se ha detenido
por no poderte decir Te Quiero
por llevar ese temor constante
a que te vuelvas iceberg
a no ser correspondido.
Me estoy acostumbrado a callar
lo mucho que te deseo,
y creo que está mal
amanezco con dolor en la garganta
las piernas me parecen pesadas
y me irrita que haya demasiadas voces
en el día y que la tuya no guarde una palabra
y me haga pensar que existo si me nombras
o que al menos puedo ser una probabilidad
en tus sucesos.
Me estoy acostumbrando a callar
lo mucho que te deseo,
por eso entre letras voy acomodando
esa imagen tuya con la que me habitas
y así
al menos cuando sueño
no me atropella el miedo.

Picture you

Y de pronto te vi
te quise, me estremeciste,
sacudiste el prado de mis neuronas,
y la cascada de mis cabellos
me levantaste, me inspiraste,
aceleraste espontáneamente
la variación de mi rutina
y me fui a la cama
con más de cien sueños
un libro de ilusiones
y lo hermoso de tal delirio
fue que apenas y sabía tu nombre

te adoré sin entenderte
te contuve sin confundirme
te dibujé sin pinceles
te escribí sin páginas.

Quetzal Noah

Un poco de arte renacentista

Sé que no, no todos los días querrás compañía, que querrás estar sola, tener tus planes, tu espacio, tus proyectos, cada persona es otra persona, y a veces, muchas dentro de una sola.

No olvides que, aquí estamos tú y yo, para hacer arte renacentista con nuestras vidas, para luchar e intentar ser un poco más felices que el verano anterior, puede ser simple, puede ser confuso, puede ser que anheles el caos en tus días, o quieras la tranquilidad de los misterios...puede ser

Pero no pienses que no rondas las horas del pensamiento de nadie. Aquí estás, en la habitación que conecta a mi corazón con las neuronas.

Preguntas que cómo estoy

Preguntas que cómo estoy
y escondo una sonrisa
que se pierde en la bruma del horizonte,
entonces guardo silencio
y como si quisiera que de mi boca
no salieran los deseos más perversos
me voy a un costado de mi callejón de secretos
¿cómo estoy? con ganas de morderte
y quitarte despacito las bragas
para llenarte de besos, con ganas de arrancarte
el vestido de forma imprudente
y tirarte al suelo comenzar a hacer
caballitos de mar en tu cabello,
lamer la ataraxia de tus pezones,
sucumbir entre tus piernas
a elevadas temperaturas
que provoquen tsunamis y temblores,
con ganas de ser ese nombre que piensas
cuando lees un poema
y abres tantito las piernas
para tocarte despacio
lo que hace mucho nadie recorre
con cariño ni le alza
fugas de destellos que colapsen
en un gemido de locura romántica
si me preguntas que cómo estoy
tal vez te valga madre
pero todavía
estoy con ganas de ti.

Te gusta la poesía

Te gusta la poesía. Eres una chica que revive con las historias de amor de los libros. Andas por el mundo sin encontrarle sentido a tu existencia y de pronto te deprimes y admites que eres ansiosa, insegura y dudas de las buenas intenciones porque te entregas siempre por completo. Pero te gusta la poesía; si estás a solas con alguien y te recita te pones a temblar, tus piernas se convierten en gelatina y sientes chorritos del néctar del deseo escurriéndote en las bragas. Te gusta la poesía.

A veces te imaginas que te comparan tus brazos con montañas y tus ojos con cielos plagados de luciérnagas mientras te la meten. Pero no todos son poetas y no todos saben llegar a tu punto G el cual no está entre tus piernas sino en tus orejas.

Estás bonita, medio pendeja y hermosamente hecha un desastre, tus amigos te dicen que eres un desmadre, pero te gusta la poesía.

La forma en que te miro

La manera en que te quiero
es una tierna luna de pan
sobre el río
cuando duermes
veo tus labios
y te abrazo
creyendo ingenuo
que ese gesto
podría evitar
tus pesadillas
y tus malos ratos.

Quetzal Noah

La lección más importante

El arte es tu maestro
no hay reglas a seguir
pero puedes tomar
un par de herramientas
imagina
que eres hijo de Dios
porque realmente lo eres
lleno de aliento
sopla en tu planeta
el barro
deja que el tiempo
le dé forma a la forma
el arte es tu maestro
el cielo tu academia
y la más importante lección:
no dejes de aprender.

Me libero de ti

Me libero de ti
de tu falta de cariño
de tu incapacidad para querer
me libero de ti
del absurdo egoísmo que te impide compartir lo que eres

ya no te voy a invitar al cine ni a tomar caguamas
o a salir por unos tacos en la noche

me libero de ti
de tus espantosos monstruos
que no quieres abrazar ni combatir y no porque no me
importes

Quetzal Noah

es que ya me cansé de quererte ayudar de verte sufriendo por lo mismo
pero parece que disfrutas
ser prisionera de tu propio abismo

me libero de ti
y te dejo sola para que seas feliz
destruyendo las poquitas flores que guardabas
en tu pecho

me libero de ti
y tus ganas de verme
cuando el aburrimiento te atropella

me libero de ti
de la ilusión que me trajo
caídas y tropiezos que me hicieron creer merecer muy
poco

todos tienen el derecho a estar tristes, pero no se puede abusar del privilegio para ocultarse y no vivir con fascinación

te di la mano y le tuviste más amor al bache.

El solemne pacto de amistad

Quiero que sepas que, aunque
hayamos hecho el solemne
pacto de amistad para seguir
frecuentando la ansiedad
de lo que no podemos ser...
no creo en lo personal
que pueda soportarlo mucho tiempo
porque la voy a terminar regando
seguiré insistiendo
voy a hacer una pendejada
porque me sigues gustando
porque te veo y escribo
con alfileres en los dedos
y esponjas de mar en la frente
no es que no quiera
que no estés en mi vida
pero lo quiero todo
y si todo no se puede
no puedo acostumbrarme
a invitarme a resignarme
con la garganta llena de vidrios

quiero que sepas
que dentro de mí siempre hay una esperanza
que sólo cabe en tu closet
en el caminar de tus zapatos
en la frecuencia de tu voz
te quiero completa en mi vida
no con la fingida sinceridad

Quetzal Noah

de que las cosas están mejor
en lo personal no creo
que pueda soportar mucho tiempo
esto de seguir siendo amigos
porque la voy a terminar regando
te escribiré una carta
iré a tu casa a cantarte
canciones de José Alfredo
o Agustín Lara
ojalá estuviera bien pendejo
como esos de los que te enamoras
no creo seguir soportando
te digo adiós amor
ojalá concluyamos lo que no fuimos
en nuestra próxima existencia.

Le gusto a la gente rara

Yo le gusto a la gente rara, a los locos que no se cansan de tener esperanza, le caigo bien a esos seres que andan buscando todo sin encontrar nada, a los que pasan y no se quedan, a los que llegan y sin temor te muestran lo que son porque no les importa lo que alguien diga de ellos, le gusto a la gente rara como a las chicas que beben cerveza en su casa escuchando trova o rock, le gusto a los que andan viajando y no saben cuándo van a regresar, a los poetas que van a los bares a beber sin vergüenza de que los vean solos, también a las chicas que leen poesía en las noche y se imaginan que alguien se las dice al oído y se sienten bonitas, le gusto a los que traen un caos en la cabeza pero lo usan para crear. No sé si soy extraño, pero le gusto a la gente rara.

Quetzal Noah

Elegir lo que quieres

Escoge una carrera que no te guste,
elige un trabajo que te fastidie,
enamórate de la persona equivocada,
toma mucho, piérdete en los bares,
supera la pérdida, fuma marihuana,
sal a correr, llora sin razón,
deprímete con tu vida,
lee un libro, haz aquello que una vez
cuando fuiste niño siempre quisiste,
compra un boleto a un lugar
que no conoces,
vuélvete a enamorar,
medita, escribe un poema,
haz algo por alguien
a quien no le importas,
rómpele la madre a todo el miedo,
ahógate en cerveza,
ve a la iglesia y sonríe a la gente,
da amor, mucho amor
al final de cuentas nada
de lo que te diga es relevante
al final de cuentas
uno elige lo que quiere hacer.

Te irá mejor sin mí

Te irá mejor sin mí
estarás bien, lo prometo
aquello que buscábamos en el otro
nos ha hecho perder
el rumbo de lo que somos
nosotros mismos
y alejarnos de nuestra esencia

he querido decirte
que se me parte el corazón
al imaginar la vida sin ti
sin embargo
hemos caminado juntos
y los caminos parecen bifurcarse

no me lo tomes a mal
simplemente no estamos hechos
el uno para el otro
el tiempo que hemos compartido
ha sido un gran maestro
nos ha mostrado
aquello que no queremos
para lo que viene

estoy seguro que estaremos en paz
que la soledad será un refugio
para florecer
y el abrirnos a otros horizontes
otros labios
otros bares
y canciones
puede ser complicado al principio
pero no dejemos
que nos aniquile
el recuerdo
la costumbre
ni la nostalgia
de lo que se han llevado
los días en que hemos tratado
de aprender a sobrevivirnos
mientras estamos juntos

no te preocupes
no hay rencores en el corazón
si es que te debo algo
si es que piensas que hemos
perdido los años
te has equivocado
hemos recorrido un buen tramo
de la vida

quizás no encontramos
lo que tanto anhelamos
pero no puedes negar
lo mucho que hemos crecido

te irá mejor sin mí
estarás en mi corazón
sonreiré de nuevo sin ti
nos miraremos como amigos
sin reproches
y sin el drama de lo intentado
comprendiendo al fin
que éramos dos seres humanos
tratando de complementarse
con entusiasmo
en el día a día.

Quetzal Noah

OTRAS MANERAS DE VIAJAR

EN
LA RUTA

OTRAS MANERAS DE VIAJAR

Si tú me enamoras

El trato es éste: Si tú me enamoras yo te escribo un libro. Todo lo que pronuncie mi boca será medicina para almas que se regocijan en los días de lluvia con su café y sus textos. Hablaré en un tono suave y entenderás la razón que convierte en las palabras en dardos de licor y nácar. No sé si alguna vez pensaste en que podría ser tu aliento, tu voz, tu risa, tu consejo, tu altivez, tu soberana ternura, tu relámpago empático, tu manía por la curiosidad, un caballete para retratar la inspiración desde una perspectiva alegre; tan alegre como una puesta de sol con vista al mar. Si tú me enamoras yo te escribo un libro. Te dibujaré con crayones de tulipán el Olimpo en los hombros sin tocarte, te tocaré entre páginas, te besaré con tinta, te convertiré aquellos que tú crees que son defectos en imprecisas variantes de la naturaleza que rayan la cordura del encanto y alguien un día sabrá que las personas encantadoras inspiran libros y querrá hacer lo mismo. El trato es éste: si tú me enamoras yo te escribo un libro.

Bodhisattva

Me gusta cuando lees
cuando dibujas
cuando cantas
cuando te conmueve
la belleza de las cosas simples
porque haces poesía de lo cotidiano
un café charlando contigo
basta para inspirar un libro

y me gusta cuando te rebelas
cuando cuestionas todo
cuando dejas de ir al centro comercial
cuando cultivas tus plantitas
y sacas a pasear a tu mascota
y encuentras la felicidad
en una caguama y una canción
o una prenda en el tianguis

me gusta cuando renuncias
a las apariencias y dejas de vivir engañada
y te vuelves un ser sencillo
un alma noble
un espíritu sabio
una criatura que equilibra el mundo.

Me voy a ir por un ratito

Me voy a ir un ratito, a escucharme, a no pensar tanto, a caminar, a oler el bosque, a dormir en una cabaña y a beber un café en una esquina que casi nadie visita.

Me voy a ir un ratito, quizás me encuentres en San Cris tomando pox o en Palenque bebiendo caguama afuera de una tienda mientras veo a los monos columpiarse entre los cables y las ceibas.

Me voy a ir un ratito, a reírme un rato de la gente dizque iluminada de Tulum que despierta su lado espiritual por cien dólares en una ceremonia de peyote o ayahuasca.

Me voy a ir un ratito, a Yucatán, a las playas de Progreso a atascarme de salbutes y cochinita, a dormir en hamaca y a quitarme los bochornos en los cenotes.

Me voy a ir un ratito, tengo ganas de estar conmigo.

Quetzal Noah

Claro que me gustas mucho

Y claro que me gustas mucho
¿Cómo voy a olvidar aquella noche?
En la que un saludo nos llevó a una cerveza,
la cerveza a otra fiesta,
la fiesta a la mota,
la mota a la cerveza,
de la cerveza a tu casa
y ahí ya borrachos no nos importaba
nada de lo que podría suceder por la mañana
y nos besamos
te apreté las nalgas,
metí mis manos dentro de tu blusa
y tus pechos estaban tibios
pensabas que al día siguiente
tal vez ya no te gustaría
pero ocurrió lo contrario
me diste un electrolito
para curarme de la cruda
nos salimos a unos tacos
platicamos de lo extraño
que había sido conocernos
y desde entonces
claro que me gustas mucho.

Tendrás un gran viaje

Estoy escuchando un nuevo disco de una banda que estoy seguro te gustaría si estuvieras aquí. De ahora en adelante los cielos estrellados serán recordatorio de la falta que haces de este lado y al mismo tiempo la esperanza de un sueño de fuga para fundirme algún día contigo en la eterna tranquilidad del infinito. Pienso en las cosas que nos quedaron por disfrutar. Como los maratones de nuestras series favoritas, ese restaurante con vista a toda la ciudad con el que soñábamos cuando tuviéramos algo más que mariposas en la billetera o el viaje a una ciudad repleta de museos y cafés. Aunque me niego a aceptar tu partida de éste plano, acepto el inconfundible dolor que le recuerda la única certeza que he tenido en mi vida: te he amado hasta la muerte. ¿Sabías que cuando las estrellas mueren su luz nos sigue llegando durante miles de años? Estoy seguro que eso pasará con tu luz. Seguirá iluminando mi camino hasta el día en que el tiempo o la conciencia del universo tomen de regreso la vida que me prestaron.

Viviré alegre con tu recuerdo. Viviré feliz y pleno para así distraerme del único temor que me queda que no es la muerte; sino que al cerrar mis ojos para siempre no te vuelva a encontrar. Agradezco la fracción del aire que la existencia nos regaló para compartir juntos este viaje.

Quetzal Noah

Pensamientos matutinos

¿Podríamos despertar juntos cada mañana
sin miedos?
diciendo adiós al desmadre
en nuestras cabezas
que nos susurra
que no merecemos
algo hermoso en nuestra vida
porque no somos suficientes

¿podríamos
estar seguros de merecernos?

toma mi mano
vamos a explorar

soñé
que entre nosotros
no había limites
ni fronteras

Una esperanza sencilla

Una esperanza sencilla es suficiente
riqueza para el corazón,
hay que tener el coraje de encontrar la voluntad
para darle un sentido a todo lo que nos rodea,
no es indispensable; es sumamente necesario,
no tomes por derrota un pequeño fracaso,
no condenes tu entusiasmo por una opinión,
no te caigas con pena sino con estilo,
disfruta el chingazo que te va acomodar las ideas, con-
siente a tu ser, haz feliz alguien
que no se lo espera, con una palabra,
con un poema, con un café,
con un pedacito de ti,
mi reflejo es lo que pienso de ti,
mi corazón me lo dieron para compartir,
mi poesía canta triste pero también para alegrar,
con buenos amigos no firmes contratos
con cláusulas de ausencia,
el dolor se cura con olvido
y la pereza con locura, curarás tus ojos
y encontrarás la belleza en lo grotesco
y la luz en el alivio de rencores

me voy, vuelo lejos y regreso
para no olvidar de dónde vengo,
soy la guitarra del músico de la calle,
soy el monólogo del actor y el guionista
de mi película existencial,
mis arrugas no me avergonzarán

Quetzal Noah

y mantendré joven a mi aliento
y no olvides que
una esperanza sencilla
es suficiente riqueza para el corazón.

Y pase lo que pase

Y pase lo que pase no te quedes mucho tiempo sumido en la tristeza, no dejes que ningún fracaso te engañe de perseguir lo que anhelas. Pase lo que pase, no dejes de sacarle canciones a esa guitarra, de escribir esos poemas tuyos que guardas en tu cuaderno, de dibujar esos garabatos que te llevan a otro mundo, de bailar como lo haces en esa vieja casa, no dejes de salir a la plaza a sentarte y contemplar el vuelo de los pájaros o la orquesta de los coches, de ninguna manera abandones lo que te hace estar en contacto con tu alma, de ello depende equilibrar este plano del universo. Deseo que sigas, que robes besos, que invites a salir a esa persona, que vuelvas a cantar aun y cuando te dijeron que no eras bueno, que te vayas de mochilazo, que arregles las diferencias que te alejaron de la gente que te apreciaba, que inspires a los cobardes, que te alejes de los hipócritas, y que pase lo que pase no te asustes cuando comiences a brillar, porque brillar hace que otros se sientan vulnerables porque les recuerdas su oscuridad.

Instrucciones para hacer el amor

• Tome suavemente su mano y dibuje en su palma una estrella.

• No dude en tomarla por la cintura y bajar los brazos por los laberintos de su espalda.

• Juegue con su cabello hasta que su cuello se ponga tibio.

• Pose sus labios por su piel como si fuera el más dulce de los frutos.

• Acerque la voz a su oído para hablarle de sus encantos.

• Si se resiste, usted insista con sutileza hasta que se sienta segura en sus brazos.

• Vaya haciendo figuras con sus dedos de la espalda a su ombligo.

• Rómpale toda la ropa en caso de ser necesario.

¿Qué le parece si salimos juntos?

Señorita,
¿Qué le parece si salimos juntos?
No me pregunte a dónde sólo acepte mi invitación, mire; sus ojos me pusieron un destello en el alma parecido al que tiene un hombre cuando conoce su destino ¿Qué le parece si salimos juntos?
Usted ponga un pretexto yo le daré un motivo usted ponga la sonrisa yo le dibujo el suspiro le prometo tratarla como caballero hacerla reír como niño y sentir como adolescente yo la acompaño hasta su casa, no se asuste si en la primera cita le llevo flores, si al mes le llevo serenata ¿Cómo no he de tomarla en serio? Señorita usted me pone romántico tanto así que siento no pertenecer a este siglo y antes de que su indiferencia le prive de mis detalles ¿Qué le parece si salimos juntos?

Quetzal Noah

Un amor mochilero

Ojalá un día te vayas
y te vayas muy lejos
sin destino
y sin fechas de regreso
y te emborraches
te tomes muchas fotos
y te enamores de ti
y de tu soledad
y te encuentres con un amor
un amor mochilero
uno de esos amores
que te mira a los ojos
y se recarga en tu hombro
en el bus con rumbo
al próximo pueblo
donde beberán chela
en la plaza
se harán amigos
de hippies que les ponen
pulseras en el brazo
para unir sus historias

ojalá que tu amor
sea un amor mochilero
de los que viven sin prisa
y por ello disfrutan
de estar contigo
un amor
de los que casi no se quedan
pero siempre

te proponen
irte con ellos
un amor que te recuerde
lo libre que eres
y extraño que es coincidir
y en medio de toda incertidumbre
jamás te quepa duda
de que no pudiste
haber elegido algo mejor
porque elegiste con el corazón
y elegiste alguien digno de ti

ojalá un día te vayas
y te encuentres con un amor
que puede tomarte la mano
y cargar en la espalda
una lluvia de sueños

Quetzal Noah

ojalá no te detengas
y te encuentres
a ti mismo
en un país de misterio
o un pueblo desconocido
con un amor mochilero.

¿Cómo va tu viaje?

Un gran tramo de tu viaje lo vas a recorrer con personas que van a evolucionar como tú y tendrán que tomar una dirección distinta a la tuya. Al final todos volveremos al mismo lugar de donde partimos antes de llegar a esta vida. Lo más sabio en cuanto a lo humano es tu propia conciencia, si te atormenta y te persigue debes aprender a perdonar. Lo que realmente te hace libre no es el dinero sino el tiempo que dispones para encontrar lo que brota en lo más profundo de ti. Yo he viajado de un lado a otro y he visto muchas cosas, desgracias, injusticias, peligros y también amaneceres, ciudades con bóvedas de oro, calles de plata, campos de alegres rosas con destello inmarcesible, besos de esperanza y abrazos reparadores. He visto héroes sin capa que dan de comer a perritos en la calle y gente afuera de los hospitales. He sido prófugo de la rutina, cantante de camiones, astrónomo de las calles, campeón de autogoleo en la liga de escritores.

Confío firmemente en el poder de la música, la poesía y los libros. Una palabra puede ser un boleto para viajar a otro país. Sin embargo, todo lo que te digo es solamente es parte de mi viaje, es lo que me consta y he aprendido, puedo cambiar de opinión porque soy enemigo de lo que digo ya que cada día noto que soy alguien diferente.

Todos estamos haciendo un viaje. Algunos están cargando combustible emocional, unos entraron a zona de turbulencia, unos ya se enamoraron de un lugar, otros toman un descanso porque saben que irán muy lejos y otros salieron bien preparados. Y tú cuéntame ¿Cómo va tu viaje?

Quetzal Noah

Una galaxia por descubrir

Estallé de amor la primera vez que te miré
para términos prácticos
fue como resetear la realidad
y ver la luz del universo
recrear la creación
te vi
te escuché
por tus palabras me di cuenta
del cúmulo de planetas
girando alrededor de tu cabeza
era natural suponer
que no pertenecías a este mundo
y lo tuyo es una misión secreta
que sólo tú conoces

Me he has sacado de mi órbita
y ahora me muevo atraído
por la fuerza gravitacional
de tus anillos siderales
sosteniendo tus manos
ya no me asusta la oscuridad
y al infinito
lo reconozco como una extensión
de tus labios.

Un día a la vez

Tal vez sólo se trate
de un día a la vez
con frecuencia ansiamos
ese futuro abundante
en júbilo y prosperidad
como si supiéramos
los planes que tiene
el cielo con nosotros.

Tal vez sólo se trate
de un día a la vez
no irnos a la cama
sin haber aprendido algo nuevo
sin haber soltado un Te Quiero
Te Necesito
Eres importante en mi vida.

Quetzal Noah

Vayamos sin prisa
un día a la vez saboreando
el néctar incierto de la existencia
rendidos ante la bondad
de la creación
empapados de pequeños
milagros diarios.

Otras maneras de viajar

ANTES DE DORMIR

¿Qué hace una chica como tú en la sonrisa de un tipo como yo?

¿Qué hace una chica como tú en la sonrisa de un tipo
como yo? Qué bonito resulta despertar
con tu nombre en los labios
con la caricia más reciente
con la sensación de traer tu mirada
clavada abajito de los cerros
que hay en mis cejas.

Me haces demasiado bien
y me resultas una extensión
de mi mano que escribe
de mi memoria que se inventa
sueños acolchonados
y luceros de luna

Quetzal Noah

te dibujo bien cerquita del pecho
te traigo adentro a gritos de euforia
a cantos de pájaro
el verte alegre es una forma
para decorar el sentido motivo que me mantiene caminando

ven otro ratito
a dejarme bien tibio el cuello
la frente toda llena de besitos
y en el hombro
tus dientes bien clavados
¿Qué hace una chica como tú
en la sonrisa de un tipo como yo?

Cómplice de la creación

Si observas detenidamente,
todo a nuestro alrededor
está lleno de aprendizaje,
las cosas que nos pasan
sean o no resultado de nuestras acciones
traen consigo una lección.

Soy cómplice de las estrellas,
de la luna y sus enamorados,
de los bares solitarios y
de las mujeres que solicitan el amor
de una sola noche para reavivar
su encanto, no se necesita sufrir
para gozar lo que ahora hemos de merecer,
ni para que el arte trascienda
debe obligadamente llenarse de sufrimiento.

¿Alguna vez has hecho un largo viaje tú solo?
¿Alguna vez te sentaste con una cerveza fría
a contemplar cómo las estrellas
bailan con la noche en la playa?

Quetzal Noah

En otros labios

A ti te toca ser feliz
en otros labios y otros brazos
otro lado que no es el mío
y aceptarlo no duele
como cuando uno
empieza a enfrentar
los nervios de la ausencia
no podemos prolongar
ese ciclo de esperanzas
que no se convierten
en alientos de mariposas
estoy contento de verte evolucionar
que a quien tú elegiste
se vuelva tan loco como yo
como cuando estoy
a tres milímetros de tu cintura
y exploto en partículas subatómicas
en arena de río y azúcar de frutas
a ti te toca ser feliz
en otro lado que no es el mío
qué más me habría gustado
que ser el autor
de incontables páginas de tu sonrisa.

Me tienes

Aquí me tienes
para preparar tu café
cuando te levantes
no sé cuánto más
te podría esperar
pero poseo el son natural
de la inmutable ingenuidad
aquí me tienes
para que no levantes sospechas
de novedades abstractas
de bóvedas de alfileres
aquí me tienes
junto al muelle de tus sonrisas
anclado a la curva
de tus carnes
¿Quién podría ser vegetariano
si te viera desnuda?
Puedes decir que soy masoquista
pero no me negaría
a morir ahogado
por tus muslos con lenta asfixia
aquí me tienes
para contener
al sol en el pecho.

Quetzal Noah

Bonito verte de vuelta

Se siente bonito verte de vuelta
qué curiosos son los caminos
y qué misteriosas
son las voluntades invisibles
que nos ponen un momento

para encontrarnos
para perdonarnos
para hablar de cómo
nos ha ido
para hablar de los motivos
que nos echan ánimos
o los libros que recientemente
hemos leído

qué bonito es saberte libre
contenta y que todavía
la voz se te llena de canciones
cuando hablas de sueños

sabes que te quiero
que no ha variado mucho
la manera en que
fascinas la presencia
de éste hombre que
su sincera utopía
era enamorarte y darte el calor
que en húmedas fronteras
piden tus hombros
y los huesitos de tu cadera

qué bonito es verte
saber que te quiero
porque me quiero
y a ti te quiero tal vez
un poco más
de lo que siempre pienso.

¿Cómo te gusta que te quieran para que te quedes?

Chiquita ya dime
¿cómo te gusta que te quieran
para que te quedes?
Que esto no se confunda con sinónimo
de ataduras
tómalo de esta manera:
vamos a acampar en la playa tú y yo
vamos a darnos el tiempo de conocernos
con las caricias que reprocha la sensualidad
darnos aire que nos alcance para
dibujar con los dedos
en la carne de nuestros rostros
pequeñas figuritas de cielo.

¿Cómo te gusta que te quieran
para que te quedes?
Porque yo quiero hacerlo
a modo de acompañante
tú me das tu mano para correr y ganar impulso
de esa manera elevarnos al flanco celeste.

¿Cómo te gusta que te quieran
para que te quedes?
¿Escribiendo cartas a diario,
por semana o que te tomen por sorpresa?
¿Te gustan las flores en la mesa

o prefieres la última función en el cine?
¿Una cerveza artesanal o un vino tinto
escuchando jazz?

Hay infinidad de detalles, tú dime
¿Cómo te gusta que te quieran
para que te quedes?

Cáncer

Cuando te dicen que un familiar muy querido tiene cáncer te sientes impotente. Un trago amargo de ansiedad y lágrimas se precipita de tu pecho hasta tus ojos. Nunca piensas en la cura. Por tu mente sólo pasa el fin. Que la esperanza es lo que muere al último no es un grato consuelo cuando la muerte ya fugó su susurro entre tus pensamientos. Es bastante normal que falte el aire y por las noches no puedas dormir. Piensas en ese ser amado sufriendo y esperas que no se prolongue su agonía. En ese momento también la muerte es una esperanza que preferirías llegara de inmediato para que tu familiar no tenga que sostener el calvario. Los médicos pueden recibirte por la mañana con una sonrisa y por la tarde otros más jóvenes que cumplen con su servicio ven sobre sus tablas los expedientes y su rostro inexpresivo o sin angustia te revuelve el estómago. Luego comienzas a decirle a tu familiar lo mucho que lo amas, a recordar un día de campo, una reunión familiar con un incidente gracioso o las aventuras de su infancia. Y aunque el túnel sea muy oscuro, en ese instante logras ver un destello y sucede lo hermoso y efímero del sufrimiento: reflexionas en su vida y cómo su vida ha dejado huella en la tuya; para bien o para mal.

Valoras la vida y los recuerdos. El dinero, la renta, las cuentas, las envidias, el equipo de futbol y todo lo demás dejan de tener importancia. Tomas la mano de tu ser querido mientras sueña profundamente. Besas sus mejillas. Piensas en lo egoísta que has sido hasta ahora como para pedirle a Dios un milagro en ese instante. Pero Dios obra en formas misteriosas. Y es que toda enfermedad también es un aprendizaje.

Exigir al corazón

Habrá que romperse la madre un par de veces
deshacerse en fractales y resistir
las noches tormentosas
donde todo lo que hacemos
parece ya no tener sentido
y hemos de ir aceptando que estamos solos
pero no afligirnos por ello sino verlo
como una posibilidad de elegir la libertad
ir buscando un mejor camino
ya no tan transitado porque eso
de vivir compitiendo
es para seres que usan más el instinto
que la razón
habrá que disolverse en el olvido y renacer
de aquellas cenizas esparcidas en las piedras
que nos han hecho tropezar
rodar hasta que la misma fuerza del impulso
nos eleve tan alto como nunca pensamos
que se podían ver tan cercanas las estrellas
habrá que exigirle al corazón
que no se canse de latir

porque la vida es un desfile de fortuna
no una legión de temores para vivir ocultos
habrá que tomarnos de la mano
y desviarnos de la ruta del cansancio
porque sólo vale la pena
aquello que nos vuelve fuertes tras intentarlo.

Quetzal Noah

La errónea idea

No me hagas creer
que somos algo para luego
irte como si nada
porque yo aún a ratos pienso
que vas a venir a buscarme
y detesto esa mala costumbre
esa larga terquedad por aferrarnos
a lo que nos destroza
detesto el silencio cuando te lo he dicho todo
detesto que no tengas la capacidad
de darme un boleto de tren
a la lejanía de tu vida
la añoranza me deja pedacitos de vidrio
por todo el cuello y la garganta
no me apuñales lentamente
dame muerte instantánea
quítame de lleno esta errónea idea
de creer que te hago falta.

Para que te vayas quedando conmigo

No sé si ya te diste cuenta
que te quiero.
Te quiero en mi vida,
en la banca del parque,
en la tarde lluviosa,
en la noche helada.
Pero prefiero no mucho insinuarme
por el temor a perder grandiosos momentos
que a tu lado voy viviendo.
He guardado un poco de esperanza,
tal vez si me quedo en silencio
e insisto con detalles y no palabras,
porque palabras cualquiera las dice
y te busco con el pretexto más tonto
e invento charlas ridículas
para hablar contigo más tiempo.
Y sin inmutar tu esencia
voy dándote consejos para que crezcas
porque quiero verte llegar lejos.

Si te rompes, te coso.
Si te pierdes, te doy luz para encontrarte.
Si intentas brincar el abismo y te da miedo;
te empujo para que pruebes tus alas.

Y sin atarte ni reclamarte por no corresponder,
voy regalándote día a día diversas formas de suspiro.

Tal vez si me quedo

y en silencio insisto
me darías uno a uno tus latidos
y hasta lo que nos dure
te vas quedando conmigo.

Injusticia

No es justo que la inspiración llegue
ya cuando estoy cansado
haciendo un pacto con las almohadas
no es justo que despierte
y no haya ningún mensaje tuyo
no es justo seguir atrapado
en la borrasca luz de tu sonrisa
en el empapado islote
de tu cadera convexa
no es justo que tú puedas
besarme cuando quieras
porque sabes que siempre quiero
no es justo que para ti
un beso sea un beso
y para mí lo sea todo
porque huyes si camino contigo
porque callas cuando estoy latiendo
porque vuelves cuando me estoy yendo
no es justo que tú puedas
besarme cuando quieras
porque sabes que siempre quiero
no es justo que para ti
un beso sea un beso
y para mí lo sea todo.

Quetzal Noah

Hora de dejarte ir

Es hora de dejarte ir
de aceptar lo que fuimos
y agradecer por lo que somos
en cualquier cosa en la que
nos hayamos convertido

es hora de dejarte ir
yo te he querido

quizá corresponderme del todo
nunca fue pieza clave en tu estrategia
no me retiro vencido
sino sonriendo ante la oportunidad
de haber cruzado

tu frente y mis labios
tus manos y mis sueños
tu sonrisa y mis bromas
tu ternura y mi canción

es hora de dejarte ir
siempre supuse yo sería
lo mejor para ti
pero ¡Qué egoísta resulta pensar
que uno es el sueño de otro!

esa expectativa que tuve hacia ti
comió mis murallas
hasta derrumbarme las mañanas

es hora de dejarte ir
te quiero con la misma sinceridad
con la que Dios mandó esperanza
a los pueblos del mundo
y ojalá encuentres tu camino
siempre en dirección a tu felicidad
ya comprendí
que somos sumamente incompatibles

te quiero sin orgullo ni ataduras
sin dramas ni exigencias
con flores y tango
con historias y silencios
y hoy ausente de ánimos
por invocar lágrimas tras la ausencia
veo el reloj diciendo
es hora de dejarte ir.

Quetzal Noah

Eso de quedarse

Quisiera pedirte que te quedaras
pero eso de quedarse
lo hace uno por voluntad propia
si tengo que pedirte que te quedes
entonces ya te fuiste
si tengo que pedirte un beso
entonces no soy de tu antojo
si tengo que pedirte

no ser tan fría o que me escribas
entonces estoy rogando
que hagas un esfuerzo
por regalarme lo que no tienes
lo que no nace de lo profundo de ti
y el amor
es una consecuencia involuntaria
no algo que se va pidiendo
en conversaciones cortas
o miradas frágiles
quisiera pedirte que te quedaras
pero estoy prolongando tu resistencia
estoy conspirando con tu incomodidad
quisiera pedirte que te quedaras
pero prefiero que mis palabras
se queden conmigo
y no en la duda de tu voluntad.

Fronteras

No busques límites en mí
todas mis fronteras están dispersas
y para ti cada puerta
de mi lenguaje corporal está abierta
no busques límites en mí
tú puedes entrar con toda tu marea
con las ráfagas y relámpagos
a las islas de mi esperanza
¿Qué clase de utopía eres
para permitirte sin pensarlo
que vengas a invadir mi nocturna melodía?
Me agitas y me contraes
el pulso de mis horas
implora la llegada de tu barco de palabras

con el anhelo de anclar su voz en mi muelle
no busques límites en mí
te puedes correr libremente
por todo mi continente
sin un pasaporte de reproche
sin un equipaje de promesas
no busques límites en mí
eres libre de entrar
e irte cuando quieras.

Quetzal Noah

Romperme la calma con un beso

Cuando estás junto a mí los miedos no son
más que diminutos gusanos que aplasto con el pie
por mis venas se mueven caracoles
sedientos de caricia
sedientos de ti y esa ternura tatuada
en tus pupilas, ninfa
me gusta todo de ti
y lo que no te gusta de ti también
tengo fe en ti y a veces iluso sueño
con la esperanza
de que te quedes y nunca me dañes el alma
pero puedes romperme la calma con un beso
ahogarme entre tus piernas hasta dejarme sin aire
hacerme sentir que lo eterno no vale
si no se vive primero rozando tus pechos
y también a veces se propaga mi delirio
hasta ese sonido que se escucha en la senda
de la libertad
que podría darte todo
sin esperar a que te quedes.

¿Duele crecer?

¿Duele crecer?
¿O sólo luchamos con una negación
a todo cambio?
De que cada ciclo de la naturaleza
concluye y regresa
no siempre de la misma forma
a veces en una versión mejorada
vivir, aceptar, crecer, liberarnos,
rompernos, fallar,
levantarse, caminar, quererse,
aprender, desaprender, jugar, perder,
compararse, aceptarse, florecer, naufragar,
lamentarse, condenarse, esperanzarse,
el movimiento continuo de las emociones
es un carrusel
¿quién o qué mueve los controles?
Si es que existe un destino
¿tendría caso decidir?
Si es que no existe un destino
¿estamos condenados al caos?
Si solo estamos soñando
¿por qué queremos volver a dormir?
¿cuántas historias te hicieron?
¿cuál es la tuya?
¿qué melodía suena en tu alma?
¿qué voz calma tu corazón?
¿con qué abrazo podrías entender
que estoy igual de confundido que tú?
¿tendrá el infinito bondad para todos?
¿estamos solos o simplemente rotos?
¿estamos tan rotos que cada pedazo
está en otros y no hay manera
de percibirnos solos?
¿qué caso tiene esperar
lo que no estamos listos para merecer?

Quetzal Noah

De pronto sólo quiero ser ese niño
que corría a los brazos de sus padres
a contarles lo que había aprendido
en el salón de clases
es que cuando nada nos atormentaba
fuimos tan felices
que ni siquiera sabíamos
el significado de esa palabra.

Para que te sientas bonita

Eres hermosa y no lo sabes. Te miras en el espejo y te cuesta creerlo porque con frecuencia te estás comparando con las demás chicas. Sin embargo, la belleza es relativa. Algunos tienen gusto por los gladiolos, otros por los tulipanes, otros por las margaritas. Unos aman el jazz, otros el blues, otros simplemente la poesía. Hay otros como yo que podemos ver más allá de la ilusión y no nos convence la idea de definir la belleza por la redondez del culo, el volumen de las tetas o la distancia entre cada hueso de la cadera. ¿Cómo quieres que te explique que eres bonita? La composición química del brillo de la luna habita en tu piel. Si formulamos una ecuación matemática con los factores de la vida el resultado te hará entender que prácticamente eres un milagro. Si te lo hago ver con palabras sabrás que eres tanto ninfa como pincel, tanto campo como volcán, tanto atardecer como lluvia. Pero para que veas eso debes invertir la vista hacia el corazón porque es ahí donde se origina la luz y la verdad.

Quetzal Noah

¿Quién soy yo en tus ojos?

Me pregunto ¿quién soy yo en tus ojos?
si es que represento el espejismo del olvido
o la ausencia de lo desconocido.
Me pregunto si de vez en cuando vas
a la cama con las mismas preguntas
que le hace mi corazón a las pausas de
estos achaques ¿te querrías quedar conmigo?
¿algún día fuiste valiente a la hora de saber
que enamorarse implica más sacrificio
que una alegría espontánea?
Me pregunto por qué las circunstancias
pueden exceder la intención de nuestra
voluntad y por qué nos conformamos
como si de pronto recordamos
que el miedo puede más que nosotros.
Hay destellos en la mancha de un sollozo
que se rompe con las lágrimas del inocente
obstáculo que hacemos muralla.
Me pregunto ¿quién soy yo dentro de tu cuerpo?
Cuando le hablas a mis oídos con la poesía de tus gritos, cuando conversas con el cálido humo de la gloria y el inquebrantable silencio de la comodidad resuelta ¿a dónde va el orgullo sin promesas? ¿dónde se hospedan los dragones que nacieron de nuestro instinto? No le des destino al deseo.
Todo es tan incierto como saber responder
¿quién soy yo en tus ojos.

Ella no es cualquiera

Me gusta Sofía
esa chica quiere salvar al mundo
habla de libros, del universo
de lo que es real y la ilusión
habla de la iluminación, del amor
habla de la música, habla de la poesía
habla de cómo las palabras pueden cambiar al mundo e
insiste en que aún quedan chicas
que se enamoran de la esencia
y no de las cosas materiales

me gusta Sofía
la ansiedad le come el alma
está un poco rota, lastimada
de vez en cuando llora
por cosas que nadie más
puede ver y le duelen
puede llorar por el sufrimiento
de la condición humana
o simplemente porque el clima
decidió ponerla sensible

ella es una chica hermosa
pero sabe que su belleza
es sólo una fantasía
que ella es más real que eso
y a su vez, muchos sólo observan
lo que hay afuera
y que por ello no a muchos
le importan sus sentimientos
pero a mí sí me importan
me quiero quedar con ella.

Quetzal Noah

A nadie le escribo como a ti

Ya pensándolo mejor
sí te extraño
de ola a la arena
de tu terraza a mi calle
de tu frente a mis labios secos
de mi intención a tus pretextos
tengo una fe ingenua
un dócil consuelo de que tal vez
podrías traer las ganas ya sin dudas
y encaminarnos a intentarlo
ya sé que no sucederá
que a nadie le escribo como a ti
que no encuentro un caos que me rompa
y me llene de hormigas las piernas
o devore mi calma como
lo haces tú con tus pendejadas
ya pensándolo mejor pues sí te extraño
estoy tranquilo
pero falta una ráfaga que me inunde
un cohete que estalle mis entrañas
sí te extraño
a veces veo el teléfono
e imagino que mandas un mensaje
HOLA ESTOY AFUERA DE TU CASA
Y TE TRAJE UNA CAGUAMA.

Código romance

Quiero una relación con código de romance
con helados y paseos por el parque
que los problemas se disuelvan en abrazos
y las dudas finalicen en la cama
quiero cogerte bien rico
y endulzarte el oído de una manera
en la que sientas que la libertad
es un gesto común entre nosotros
no sé qué tan dispuesta estés para arriesgarte
no quiero forzar planes
pero sí me comprometo
a unirme en el camino de tu evolución
a ser eslabón de aprendizaje
para tu crecimiento
a que sientas más ganas de intentarlo
que reproches con moñito de miedo
quiero una relación con código de romance
con helados y paseos por el parque
que te escriba una carta
y tú me recuerdes que soy importante
debe ser recíproco
por ahora nada de expectativas
sólo una idea que tome forma
cada vez que nos tomemos de la mano.

Si nos damos chance

Igual y si nos damos chance nos vamos gustando. Tal vez tu insomnio combine con mis desvelos. Y si me quedo y aprendo a insistir sin llegar a ser molesto. Tal vez de esa manera, me vas queriendo despacio, yo tranquilo, no llevo prisa para que la ansiedad no me atormente. Igual y le encontramos explicación a todo lo que nos pasó para encontrarnos. Igual y jala. La vida nos estaba preparando para cuando nos sintiéramos completos.

Distancia

...y nos fuimos olvidando
entre mensajes cortos
cada vez más cortantes.

Quetzal Noah

Primera impresión

Te vi y fue como si el universo
intentara darme una explicación
de por qué estoy aquí
te vi y comprendí
que una persona es un milagro
en nuestra existencia
desde que nos conmueve
con su sonrisa.

Creciendo de maneras distintas

No tienes que fingir que estás feliz u obligarte a ti mismo a mantener una actitud positiva. Abraza tu tristeza o tu fracaso, que no te dé pena nada de lo que sientes o experimentas. Todos estás creciendo de maneras distintas.

Cuando escuches mi nombre

Quisiera que sintieras cosas bonitas
cuando escuchas mi nombre
que te dieras un minuto de tu tiempo celoso
para pensarme un momentito

me basta tan poquito de ti
y yo sin dudas ni pretextos
voy pintando un cuadro en el cielo
pinceladas de ilusión
traigo los bolsillos
llenos de lo que no te he dicho

todos mis caos apenas tocan el equilibrio
te quiero y a la vez no te necesito
y me siento ajeno a todos
y cada uno de tus pasos
mis latidos te persiguen
cuando tus monstruos están dormidos

no sé si a veces sientas que no perteneces
ni al lugar ni a las personas que te rodean
con una soledad que no se marcha

tal vez lo bueno para mí no ha llegado
o simplemente el universo
jugando me lo esconde
pero quisiera que sintieras
cosas bonitas cuando escuchas mi nombre

Cholo enamorado

When I was in la secundaria
I falled in love of
a little morra que se llamaba Liz
I was catorce años
y yo no era nada guapo
I was fat
I didn´t know vestirme bien
en aquellas épocas
estaba trending
be a cholo
I wanted gustarle a Lizy
but no sabía cómo
I watched her and noté
que ella prestaba
so much atention
to the bad guys
so
empecé a ir a la plaza
donde se juntaban los cholos
y entré en la gang
my clothes now eran
pantalones Dickies
and limas tumbadas

maybe she doesn´t know
all what I made
just para que me volteara a ver
but su actitud
fue changing
and I remember that she
invited me to the partys
then she told me
Que no le gustaba por ser cholo
sino por la manera en que la trataba.

Tu presencia es una realidad hermosa

Tú reseteaste la configuración
que yo tenía programada en el lenguaje
de amoríos y romances

de ti son estas tranquilidades
que me ponen a contemplar cada día
como una oportunidad
de volar entre montañas y playas
desde la habitación

de ti tengo la piel perfumada
y tu abrazo
me convierte en esperanza
tanta alegría en tus parpados
es volver a sentir la seguridad
con la que jugaba de niño

verte son ánimos de ternura
de construir
de forjar
de fortalecer
de aprender
de sanar

le hago caso a mi corazón
él me dice que a tu lado
la felicidad implica ser valiente
para merecerte y cuidarte

contigo exploro dimensiones
de mis sentidos
que purifican cualquier acto

eres el decoro
el tesoro
de lo que uno necesita
cuando aprende durante
un largo tiempo
a estar solo
suspiro
y es por ti

tu presencia es calor
es fortuna
es alegría
es realidad
y es hermosa.

Las chicas torpes como tú

Están las chicas torpes como tú
que leen y traen un diario
escriben bonito y te imaginas
perversos encuentros
y charlas profundas.

Están las chicas como tú
que cuando les dicen un poema
parece que les salen
libélulas del iris
y su cuerpo tiembla con el eco
de una palabra precisa.
Están las chicas como tú
que beben un chingo
y en la mañana
se ven hermosamente confundidas
con las cicatrices del porvenir
de una ausencia inesperada.
Están las chicas como tú
curiosas y un poco torpes
abrazables y deseables
esas chicas deshechas
que toman actitudes bien pendejas
cuando alguien
no sabe tratarlas con indiferencia.

Heridas de nostalgia

Yo no sé con exactitud cuánto daño hay en tu nostalgia que lo sigues arrastrando hasta alejarte de toda nueva oportunidad. No sé cuántas horas estuviste llorando o las veces que quisiste desaparecer y deshacerte sin reproches en el olvido. No sé si te faltó amor en tu familia o tu madre fracasó tanto con las relaciones que hasta te transmitió los patrones de su conducta que has venido repitiendo o los hombres no quisieron conocer tu parte más oscura. Pero te quiero ser sincero y la única razón por la que estoy dispuesto a todo por ti es por salvar a esa chica que endurece su corazón como un iceberg, pero debajo de él hay un jardín lleno de milagros que nadie ha contemplado. Yo sé que no eres inmadura ni indiferente. Sólo te estás poniendo un escudo porque en tu desnudez eres una época de poesía, romance, ternura y locura que eleva toda experiencia humana.

La espera

Tenía tantas ganas
de encontrarme en su mirada
como si yo fuera exclusivamente
aquello que ella había estado
esperando por tanto tiempo.

Presencia milagrosa

Eres lo más hermoso que le pudo pasar, que le pasó, que le está pasando o que le va a pasar a alguien en algún momento de su vida. El sentido de tu existencia es más significativo de lo que piensas. Aunque a veces tus crisis existenciales te hagan creer lo contrario. Tu presencia en este universo marcará la evolución de alguien para bien.

Quetzal Noah

Brindis

Brindemos por todas las cosas que no se dieron, por esas caminatas con la ilusión de intentarlo, por esos nudos en la garganta que nos ahogaron las palabras, por las palabras que escribimos en cartas sin destinatario para aligerar la pena. Y brindemos por el tiempo, el tiempo compartido para volvernos una historia, el tiempo que nos enseñará por qué no fuimos lo que buscábamos.

Roadtrip

La vida es como un viaje en carretera. Un día casi me agarra la depresión en una curva, pero, en lugar de acelerar mantuve firme el volante y no dejé de mirar con atención. Algunas piedras en el camino mantenían mi vista alerta y entendí que sirven para contemplar mejor el paisaje. La vida puede ser más bondadosa si aprendes que hay que disfrutar el camino.

Temor al compromiso

No es que quiera estar solo
es que aún no encuentro
a alguien que quiera asumir
el compromiso de ser libre
a mi lado

Sin exigir lo que no nace
sin reprochar el espacio propio
y que las locuras
de cada uno
no sean limitadas
por las expectativas del otro.

Tardes nubladas

No basta con encontrar quien quiera pasar las tardes
nubladas contigo. También hace falta que se quiera
quedar cuando llueve o cuando
llueves...

Quetzal Noah

Fortalezas

Me quedo con quien encuentre entre mis
defectos uno que otro par de fortalezas.

Lo bueno tarda en llegar

Cuando me vi en tus ojos fui feliz
sin saberlo fui feliz
cuando me vi en tus ojos
comprendí la razón de por qué
se tardan las cosas buenas en llegar.

Quetzal Noah

Y sin embargo aquí estoy

Y sin embargo aquí estoy
ya no con los mismos ánimos de esperar
porque uno se cansa
de buscar a quien no le busca
de escribir a quien no le lee
de ser romántico con pechos fríos
de querer a quien no quiere
de insistir a quien teme
y sin embargo aquí estoy
porque ya conozco
tus cicatrices y sueños
tus desvaríos y cambios de humor
tu aroma y libros favoritos
tu canción y tu murmuro
sé que vuelves cansada y herida
y buscas consuelo en mí
lo haces porque me he acostumbrado
a recibirte como una posada
abierta al peregrino
te gusta venir unas noches a dormir
y luego irte
regresar empapada de decepción

te he visto frágil, sonriente,
temerosa de merecer,
y con una inteligencia que
aún no sabe lo que le conviene

también te he odiado
y el odio y el amor son
cuernos de la misma vaca
y así como te quiero
sólo se quiere
lo que es real y parece estar
dentro de nosotros hace siglos
tengo una botella
navegando en el mar
una libreta sin pluma
un cerrojo de decepción
y sin embargo aquí estoy.

Quetzal Noah